高职高专财经类“互联网+”创新系列教材

FINANCIAL APPLICATION WRITING

财经应用文写作

主 编 王秋生 宁明媚 副主编 刘 琰 郝建丽

同济大学出版社
TONGJI UNIVERSITY PRESS

内容提要

本书主要介绍财经专业方面所涉及的各类文案的写作，内容涵盖商务计划文书，商业营销文书，管理文书，合作文书，公函文书，公关文书，金融、税务文书及招、投标文书等。

本书的主要特点有：①示范性，对各类重要的文书提供标准范文；②操作性，提供了贴近实际场景的练习题，可以显著提高学习者的实际写作能力；③典型性，重点介绍使用频率较高的文案类型。

本书可供高等院校财经类专业学生作为教材使用。

图书在版编目(CIP)数据

财经应用文写作/王秋生，宁明媚主编. --上海：同济大学出版社，2018.3

ISBN 978-7-5608-7696-2

Ⅰ.①财… Ⅱ.①王…②宁… Ⅲ.①经济—应用文—写作—教材 Ⅳ. F

中国版本图书馆 CIP 数据核字(2018)第 013315 号

高职高专财经类“互联网+”创新系列教材

财经应用文写作

主编 王秋生 宁明媚 **副主编** 刘 琰 郝建丽

责任编辑 张智中 **责任校对** 徐逢乔 **封面设计** 潘向蓁 **策 划** 陈佳蔚

出版发行 同济大学出版社 www.tongjipress.com.cn
（地址：上海市四平路 1239 号 邮编：200092 电话：021-65985622）

经 销 全国各地新华书店
排 版 南京月叶图文制作有限公司
印 刷 常熟市大宏印刷有限公司
开 本 787 mm×1092 mm 1/16
印 张 12.25
字 数 306 000
版 次 2018 年 3 月第 1 版 2018 年 3 月第 1 次印刷
书 号 ISBN 978-7-5608-7696-2

定 价 38.00 元

高职高专财经类“互联网＋”创新系列教材

编写委员会

（以下排名以姓氏笔画排序）

前　言

随着社会经济的繁荣发展，应用文在日常生活中的应用也更为广泛，其种类也在不断地增多。财经工作者都应该具备财经应用文的写作能力，掌握财经应用文的写作技巧。

本书编者分别从不同方面对财经应用文进行了介绍，并参考和借鉴了市场上有关财经应用文的图书。本书主要特点有：

1. 示范性

各部分内容安排除讲述各种文书的含义、要素、格式、写作要求外，均附有标准范文，学习者可以在此基础上进行模仿和应用。

2. 操作性

财经应用文写作是一项技能，要求财经工作者要具备写作能力，并且在财经写作活动的一般规律和原理指导下，科学、规范、简练、客观地完成财经方面应用文的起草写作。本书在学习情境中均附有贴近生活实际的练习题，通过实际操作，可以大大提高学习者的实际动手写作能力。

3. 重要性

财经应用文的种类繁多，对其具体分类尚存在争议。本书专门就财经写作活动中较为重要的、使用频率较高的部分应用文作了介绍，以体现重要性。

4. 专业性

本书是专门着眼于财经专业方面所涉及的应用文的写作，如商业计划、销售计划、可行性研究报告、商业赔偿协议等，其知识结构有别于其他类型教材。

本书由王秋生和宁明媚担任主编，刘琰、郝建丽担任副主编，荆会敏、邢艳珍参与编写。其中，学习情境一、学习情境九由王秋生执笔；学习情境五、学习情境八由宁明媚执笔；学习情境四由刘琰执笔；学习情境二、学习情境三由郝建丽执笔；学习情境六由荆会敏执笔；学习情境七由邢艳珍执笔。本书在编写过程中，得到了同济大学出版社和众多高等职业技术学院的大力支持，在此表示衷心的感谢！

由于编者水平有限，书中如有错误和不足之处，敬请读者批评指正！

编　者

2018 年 1 月

目　录

目录

学习情境一

绪　论

知识要点

◆ 熟悉财经应用文的概念、特点和种类；

◆ 了解提高财经应用文写作技能的方法。

核心概念

应用文是在工作、学习和生活中，为处理公私事务所运用的写作形式，格式规范、语言简约。这种文体以解决实际问题为目的，具有直接实用价值，因此又称实用文。

财经应用文是应用文的一种，其行文的内容和目的多与人们的经济生活相关，而且财经应用文的格式、语言技巧、行文规范等也与其他应用文不尽相同。

单元一　财经应用文的概念和特点

一、财经应用文的概念

财经应用文的概念和特点

应用文，又称实用文，是各类企事业单位、机关团体和人民群众在工作、学习和日常生活等社会活动中，用以处理各种公私事务、传递交流信息、解决实际问题所使用的具有直接实用价值、格式规范、语言简约的多种文体的统称。

通过长期实践，人们对应用文的形式和功能进行约定，共同遵守、共同使用，使其成为相对于记叙文、议论文、说明文的又一类特殊类型。可以说，自从有了文字的记载，就有了应用文的写作。应用文以实际应用为目的，是传递信息、处理事务、解决问题、交流经验的一种必不可少的工具，上至中央机关，下至基层单位，应用文的使用范围几乎涉及社会生活的各个方面。随着社会的发展和科学技术的进步，应用文也将发挥越来越重要的作用。

财经应用文是应用文的一种，有广义和狭义之分。狭义的财经应用文，专指各类只为财经工作所用的财经专业文书，是专门用于经济活动的经济应用文体的统称。实质上，它是在财经工作中，为直接体现党和国家的方针政策，解决经济工作中的实际问题而以事实为依据、以科学的理论为指导并采用叙述、说明、议论等表达方式，直接阐明作者或者作者所代表的主体的目的、主张、观点、意见、建议等的一种文体语言。广义的财经应用文是人们在财经工作中所使用的各类反映经济活动内容的文书的统称，既包括财经专业文书，也包括一些同时在其他社会领域或部门广泛应用的文书。

本书中所讲述的财经应用文，仅指狭义的财经应用文。

财经应用文主要有以下三个特点：

1. 以事实为依据，以理论为指导，体现国家方针政策

以事实为依据，是指必须坚持实事求是，信息、数据等不得子虚乌有、篡改事实。以理论为指导，是指必须坚持以马列主义、毛泽东思想、邓小平理论、“三个代表”重要思想、科学发展观、习近平新时代中国特色社会主义思想为指导，并创造性地加以应用。体现国家方针政策，是指在写作财经应用文时，凡涉及国家方针政策的，应直接引用、转载、反映，无须遮遮掩掩、拐弯抹角。

2. 财经应用文主旨直接明了

财经应用文要求作者或者作者所代表的主体，直截了当地表达目的、要求、主张、建议、意见，或对某一事物、某一现象加以叙述、说明、议论，分析，应直接表明什么正确，什么错误；主张什么，反对什么等。

3. 财经应用文通常采用惯用格式反映财经相关内容

作为应用文的一种，财经应用文通常按照国家既定格式或者按照约定俗成的习惯，采用综合的语言表达方式就财经工作中的实际问题进行写作，这也正是它区别于其他文体的重要标志之一。

二、财经应用文的特点

财经应用文在内容和形式方面体现出两大特征：一是从内容方面来看，财经应用文是为解决某个特定的经济问题或处理某项具体的经济工作而撰写的文种，它的内容与经济活动有关，是经济活动内容的反映；二是从形式方面来看，财经应用文大都有着固定的体式，带有一定的程式化特点。

相对而言，财经应用文既具有一般写作活动的基本特点，即目的性、实践性、综合性、创造性，又具有其自身的特点。具体来讲，财经应用文写作具有如下七个特点：

(一) 较强的实用性

除个别行政公文(如政府机关发布的公告、国家的某财经法律的命令)以及财经学术论文、宣传文体以外，财经应用文通常针对特定的对象、特定公务、特定问题，使用专业术语、专业统计方法而写。有的为了传达、贯彻、落实国家的财经方针政策，有的反映上下级、平级或单位间的往来事项，有的反映某系统、某单位、某部门的供应、生产、销售、筹资、分配等的经济活动情况，因此，该类应用文具有明确的目的，实用性较强。

【案例一】

维权声明

尊敬的××抽油烟机除油设备用户：

××市××有限公司是××省××市××抽油烟机除油设备唯一一家抽油烟机除油设备经销商。

在近期××抽油烟机除油设备销量急剧上升，其他抽油烟机除油设备也争相进入××市场。一些商家未经授权，私自非法使用××抽油烟机除油设备商标、标识宣传销售其设备，为此我公司特声明如下：

一、目前我公司在××市的××抽油烟机除油设备经销点只有：××市某超市……

二、以往在其他地方购买了××抽油烟机除油设备而没有在我公司登记注册的客户，为保障获得更全面的售后服务及产品功能正常运行，请您尽快致电抽油烟机除油设备全国售后免费电话：×××-×××-××××进行咨询，办理相关售后及滤芯更换记录手续。

三、对于需要上门服务，更换滤芯的，也请及时与售后服务站取得联系并了解相关收费标准。

【分析】 该维权声明直截了当地表明了作者的意图，提出了具体的解决方案，能够起到维护自身及消费者合法权益的效果，体现了财经应用文的实用性。

（二）鲜明的政策性

财经应用文产生于财经业务活动，服务于财经业务，同时又受到国家财经路线、方针、政策以及相关法律法规、规章制度的约束，甚至有的应用文本身是就国家某一政策撰写的文本。所以，国家行政事业单位、公司企业、其他经济组织等，在具体反映某财经活动中使用的应用文，必然具有明显的政策性。

【案例二】

政策法律水平低，导致公文丧失实际效力

甲县××瓷砖厂盗用乙县××瓷砖厂的注册商标，生产并销售自己的产品地板砖，侵犯了对方的商标使用权，造成被侵权单位的经济及名誉损失。乙县工商管理局致函甲县工商管理局时这样表述："据有人反映，你县××瓷砖厂盗用我县××瓷砖的商标，生产并销售自己的产品，侵犯商标使用权，违反了商标法，造成被侵权单位的经济及名誉损失。现在请你局责成该厂立即停止生产，赔偿有关方面经济损失并在大众媒体上刊登致歉声明。"

【分析】 很显然，在实际工作中，这类函件是没有什么效用的。工商行政管理部门作为执法单位，其所作文书属于财经应用文，应当根据确凿的事实，依商标法、合同法及市场经济中各类管理法规的相关规定，拿出解决问题的具体方案。本例则因对政策法规的陌生而导致所作公文丧失效力。

（三）动因的受命性

财经应用文写作除了作者因履行职责、解决个人问题的动因而主动写作外，通常是"受

命”而写，即接受领导或集体决策、指示、要求等而写作。

(四) 稳定的模式性

财经应用文通常都有相对固定的模式。有的是法律明确规定，如国际标准局对文本形式、用纸规格、格式、装订及各种标记所做的规范性、通用性、标准化的明细规定，《科学技术报告、单位论文和学术论文的编写格式》对其基本格式的要求等；有的虽没有国家标准，但在长期使用中也逐步形成了约定俗成的格式。

(五) 内容的真实性

财经应用文对经济生活起指导、沟通、宣传、指挥、保障等重要作用，不允许存在任何虚构、夸张、歪曲，文中所涉及的人物、时间、地点、事件、过程、结果、信息数据等要求必须客观可靠，真实无误。

(六) 明显的时效性

一方面，财经应用文应紧跟时代，适时、及时而作，否则可能影响作用的发挥，甚至贻误工作。另一方面，财经应用文作用时间并非持久，写作目的一旦实现，其作用也将转换、消失而成为历史档案。

(七) 语言的务实性

财经应用文要求作者直接体现其观点、意见、建议，或者直接明确方针政策，因此，其语言要求务实，追求朴实、庄重、简明、准确、典雅，不说空话、废话、大话、套话。

【案例三】

空话连篇，不得要领

2009 年 10 月上海孙中界被“钓鱼执法”事件曾在全国引起轩然大波。目前，“钓鱼执法”现象在全国各地时有出现。就此，个别人在写作通报时，堆砌现成的空话、套话，如“是官僚主义、本本主义、教条主义、拜金主义”“性质非常严重”等。

【分析】 该应用文在写作时，其语言组织使用大量空话、套话，完全忽略了对事件违法乱纪、执法犯法这一本质的准确把握，更谈不上剖析原因和提出整改意见了。

单元二 财经应用文的种类及其技能提高

一、财经应用文的种类

财经应用文的种类及其技能提高

随着我国市场经济的发展，财经应用文在经济生活中的作用也日益重要，其种类的细分在逐渐增加。

国外对应用文的写作较为重视。在美国，各行各业对职业写作十分重视，科技、行政、管理人员都要具备相应的写作能力，公司甚至聘请专业的写作顾问，社会上举办业余写作学校，组织写作协会，各大学开设写作课程。在新加坡，政府把应用文写作，尤其是财经类应用文的写作提到相当的高度，其大学生求职的第一关就是专业应用文的写作。

目前，中国应用写作学会、国际汉语应用写作学会在国际上影响力较高，对各地公文改革起了促进作用，对财经应用文的分类也起到一定的指导作用。同时，国内出版的财经应用文教材也有各种不同的版本，如冠以"中国金融应用文写作""经济应用文""财会应用文""银行文秘写作""财经管理应用文写作"等名称的书籍，但基于财经应用文文体繁多，各教材也难以详尽罗列讲解、示范。

本书选择较为常见、使用频率较高的商务计划文书、商业营销文书、管理文书、合同文书、公函、金融税务文书、招投标文书等几种进行概述。

二、财经应用文写作技能的提高

提高财经应用文的写作技能要求做到以下三点：

(一) 熟悉财经专业基本知识，掌握国家相关法律法规

财经应用文针对性、实用性强，因此要求写作者熟悉财经专业知识，正确把握国家财经路线、方针政策，懂得经济业务运行规律，正确预见经济运行趋势。

(二) 掌握财经应用文的基本写作方法

财经应用文要求主旨正确、专一、严谨，材料详实、准确、典型，思路清晰、逻辑性强，文体结构完整严谨、层次分明、条理清晰、首尾相顾，语言表达简练。因此，要求写作者充分掌握基本写作方法，加强基本知识、基础理论的学习，增强阅读、分析和写作能力，全方位把握财经应用文写作技能。

(三) 更新观念、提高修养、多接触、多锻炼

苏联教育家马卡连柯指出："在写作中起决定作用的毕竟不是材料，不是技术，而是个人的修养。"世界观、思维方法、审美观念、语言文字表达能力等对应用写作能力的提高起到至关重要的作用。财经应用文作者不能把财经应用文仅仅看成是一种简单的文字写作，要以提高能力为中心，把重点放在创作能力与实践训练的结合上，应当多接触财经生活，要充分利用一切机会进行观察、采集、研讨、总结等诸方面的训练，多锻炼写作。

小提示

——体现政策，符合法规
——反映客观，全面真实
——观点鲜明，重点突出
——结构严谨，条理清楚
——文字简明，风格庄重

教学检测

1. 什么是应用文？什么是财经应用文？
2. 财经应用文有哪些特点？
3. 如何提高财经应用文的写作能力？

学习情境二 商务计划文书

知识要点

◆ 掌握商业计划书、销售计划书、利润分配计划书、广告计划书等商务计划文书的概念、分类、结构和意义；

◆ 掌握常用商务计划文书的写作原则、写作步骤以及写作要点。

核心概念

计划书是为完成某项工作任务而预先做出打算和安排的应用文体，也是对未来一定时期内的全面工作或某项工作提出的指标、要求、措施、步骤、期限的一种事务文书。

商务计划文书包括商业计划书、销售计划书、利润分配计划书、广告计划书等，它是对某一项具有商业性质的事务活动而做出的在一定期限内的活动规范，这种书面文件的写作在商业活动中使用频率很高，其特征是具有突出的实用价值和惯用的写作格式。

单元一 商业计划书

一、商业计划书的概念

商业计划书是指为商业发展计划而做的书面文件，是创业者开始新事业、从事项目开发、达到招商融资或其他发展目标的书面资料。它通过综合分析项目的内部和外部因素，达到全面描述项目的性质、潜在优势、市场前景、团队构建、如何实施该项目、财务管理、投资收益、风险预测与控制，以及投资退出机制等方面的内容。

商业计划书

二、商业计划书的作用

(一) 自我评价

商业计划书通常需要分析项目的内部竞争优势与劣势和外部竞争机遇与威胁，并对今后项目的经营进行财务预测。因此,商业计划书的制定过程本身就是创业者系统地梳理创业思路、充分地开展调研、进行自我评价、制定切实可行的工作计划的过程。

(二) 管理作用

一套完整、严谨的商业计划书能够为项目今后的运营管理提供工作指南和行动纲领。这种事先的行为规范对确保创业初期的顺利运营具有重要的作用。

商业计划书能帮助创业者跟踪、监督、反馈和度量业务流程。

(三) 沟通作用

商业计划书可以用来介绍企业的价值,从而吸引投资、信贷、员工,包括政府在内的其他利益相关者。商业计划书制订了项目的发展战略目标,并进行财务预测分析,对于投资者和合伙人来说,它是判断是否进行投资、承担投资风险的必要的评估资料。商业计划书作为一种有效的沟通工具,也是项目获得政府部门、内部员工等各方支持的必备材料。

一份成熟的商业计划书不但能够能描述出公司的成长历史,展现出未来的成长方向和愿景,还将量化出潜在的盈利能力。

(四) 承诺工具

商业计划书也是一个承诺的工具,它在企业利用商业计划书执行融资工作的时候体现最为明显。在上级和下级就某一特定目标达成一致以后,他们合作完成的商业计划书就记录下了对目标的约定。这样的约定,将成为各类激励工具得以实施的重要基础。

三、商业计划书的写作原则

(一) 简明扼要

作为计划的一种,商业计划书的写作务必简明扼要。商业计划书的篇幅要适当,过于简短,容易降低项目成功的可信度;过于冗长,则会被认为太啰嗦,表达不清楚。

(二) 内容完整、条理清晰

商业计划书的表述要充分,切忌遗漏需要加以说明的部分;计划书各部分逻辑性强、条理清晰,便于阅读者一目了然。

(三) 语言通畅易懂

作为应用文,商业计划书的语言要求简练、顺畅,通俗易懂,易于理解,专业术语解释清晰,应避免晦涩难懂。

四、商业计划书的写作步骤

(1) 形成计划和想法,如提供哪些产品和服务,实现目标等。

(2) 了解市场,知道目标客户,以及如何保证产品或服务具有很强的吸引力和竞争力等。

(3) 具体细节的考虑,比如:如何运营这家公司,未来的财务计划是什么、会遇到哪些风险、需要多少资金、怎样筹集资金等。

(4) 文档制作,即将以上三个步骤的想法落实在商业计划书上。

(5) 推销自己的商业计划,以获得投资。

五、商业计划书的内容

(一) 摘要

摘要是在整个商业计划书完成以后才开始撰写的,力求内容一目了然、重点突出,语言简明、生动。它主要介绍公司的主营产业、产品和服务,公司的竞争优势以及成立地点时间、所处阶段等基本情况。

(二) 公司描述

该部分内容的撰写包括介绍公司名称、注册资金、法人代表、经营范围、经营时间、经营场所、企业性质、宗旨和目标、公司的发展规划和策略等。

(三) 产品或服务

企业的产品或服务是吸引投资者投资的重要部分,该部分介绍中,要对产品或服务做出详细而准确的说明,必要时可附上产品的图形和照片。

该部分内容主要撰写产品或服务的概念、产品的使用性能及其特性、产品质量、售后服务及其保障、产品或服务的市场竞争力、产品的研究和开发过程、发展新产品的计划和成本分析、产品的市场前景预测、产品的品牌和专利等。

(四) 市场分析及市场营销

该部分内容主要分析企业的产品或服务所处的市场阶段、所占有的市场份额、在市场中的位置、面临的现实及潜在竞争对手、自身的优势和劣势以及竞争策略等。

(五) 营销策略

在商业计划书中,营销策略的描述应至少应包括但不限于以下内容:

(1) 市场机构和营销渠道的选择;

(2) 营销队伍和管理;

(3) 促销计划和广告策略;

(4) 价格决策。

(六) 管理团队

投资者通常比较关注企业的管理层及其员工队伍,所以,该部分内容主要介绍公司中高层管理人员的组成及其职务、年龄、身体健康状况、背景、工作经验、受教育程度等;介绍企业一般员工的人员分布、知识结构、工作能力等。

必要时,还应当介绍企业的组织结构、股东持股情况等内容。

(七) 财务预测

商业计划书应当对企业未来的财务状况做充分、合理、真实可靠的预测。主要包括预计的销售收入、成本费用、税金附加、利润空间、投资的退出方式等(可通过预测资产负债表、利润表、现金流量表等方式加以说明)。

(八) 资本结构

该部分内容主要介绍公司目前及未来资金筹集和使用情况、公司融资方式、融资前后的资本结构表。

(九) 附录

附录是对前述各部分的补充,应当将前面没有充分表述的部分加以补充,如管理层简历、销售手册、产品图纸等。

模版案例

商业计划书模板

第一部分　摘要

一、公司概况描述

二、公司的宗旨和目标

三、公司目前股权结构

四、已投入的资金及用途

五、公司目前主要产品或服务介绍

六、市场概况和营销策略

七、主要业务部门及业绩简介

八、核心经营团队

九、公司优势说明

十、目前公司为实现目标的增资需求:原因、数量、方式、用途、偿还

十一、融资方案(资金筹措及投资方式及退出方案)

十二、财务分析

(一) 财务历史数据

(二) 财务预计

(三) 资产负债情况

第二部分　综述

第一章　公司介绍

一、公司的宗旨

二、公司简介资料

三、各部门职能和经营目标

四、公司管理

(一) 董事会

(二) 经营团队

(三) 外部支持

第二章　技术与产品

一、技术描述及技术持有

二、产品状况

(一) 主要产品目录

(二) 产品特性

(三) 正在开发/待开发产品简介

（四）研发计划及时间表

（五）知识产权策略

（六）无形资产

三、产品生产

（一）资源及原材料供应

（二）现有生产条件和生产能力

（三）扩建设施、要求及成本，扩建后生产能力

（四）原有主要设备及需添置设备

（五）产品标准、质检和生产成本控制

（六）包装与储运

第三章　市场分析

一、市场规模、市场结构与划分

二、目标市场的设定

三、产品消费群体、消费方式、消费习惯及影响市场的主要因素分析

四、目前公司产品市场状况，产品所处市场发展阶段（空白/新开发/高成长/成熟/饱和）产品排名及品牌状况

五、市场趋势预测和市场机会

六、行业政策

第四章　竞争分析

一、有无行业垄断

二、从市场细分看竞争者市场份额

三、主要竞争对手情况：公司实力、产品情况

四、潜在竞争对手情况和市场变化分析

五、公司产品竞争优势

第五章　市场营销

一、概述营销计划

二、销售政策的制定

三、销售渠道、方式、行销环节和售后服务

四、主要业务关系状况

五、销售队伍情况及销售福利分配政策

六、促销和市场渗透

（一）主要促销方式

（二）广告/公关策略、媒体评估

七、产品价格方案

（一）定价依据和价格结构

（二）影响价格变化的因素和对策

八、销售资料统计和销售纪录方式，销售周期的计算

九、市场开发规划，销售目标

第六章　投资说明

一、资金需求说明(用量/期限)

二、资金使用计划及进度

三、投资形式(贷款/利率/利率支付条件/转股一普通股、优先股、任股权/对应价格等)

四、资本结构

五、回报/偿还计划

六、资本原负债结构说明

七、投资抵押

八、投资担保

九、吸纳投资后股权结构

十、股权成本

十一、投资者介入公司管理之程度说明

十二、报告

十三、杂费支付

第七章　投资报酬与退出

一、股票上市

二、股权转让

三、股权回购

四、股利

第八章　风险分析

一、资源风险

二、市场不确定性风险

三、研发风险

四、生产不确定性风险

五、成本控制风险

六、竞争风险

七、政策风险

八、财务风险

九、管理风险

十、破产风险

第九章　管理

一、公司组织结构

二、管理制度及劳动合同

三、人事计划

四、薪资、福利方案

五、股权分配和认股计划

第十章　财务分析

一、财务分析说明

二、财务数据预测

(一)销售收入明细表

(二)成本费用明细表

(三)薪金水平明细表

(四)固定资产明细表

(五)资产负债表

(六)利润及利润分配明细表

(七)现金流量表

(八)财务指标分析

【案例一】

风顺传媒公司商业计划书

一、公司简介

风顺传媒公司创立于2010年1月,是由长期在中国、英国、澳大利亚等国传媒领域从事经营管理的资深人士创立的,主要在中国从事电视传媒业、广告业。目前,风顺传媒公司旗下拥有三家电视台和四家广告公司,分别注册于北京、伦敦、悉尼、东京等地,目前企业总人数为1 500人。

二、经营项目

(一)电视节目:风顺传媒公司对国内外的影视素材进行考查、比较、筛选并进行准确的市场定位、策划、包装、制作、整合,形成了拥有自主知识产权、独立品牌的电视节目。公司目前拥有覆盖全国的电视栏目有四个,其中包括:《××》《××》……总覆盖收视人口逾4亿人。

(二)广告项目:本公司旗下的四家广告公司,分别在各国、地区专门承接、设计、制作、发布各类公益广告、商业广告,同时,我公司利用自身优势,通过自有电视台播映广告,年收入达1.3亿元。

(三)影视节目:我公司从各影视制作公司、工作室购入大量影视作品,同时自己制作影视节目,主要向国内各地电视台、音像制品出版公司、宽带网络等媒体公司出售其播映版权而获利。公司也向海外销售中国内地制作的影视节目。

(四)网络传媒:本公司拥有三个网站。我公司充分利用这一优势,在网站上实现电视、电影直播、点播,年浏览量达6亿人次。

三、行业与市场分析

目前,随着广电政策的逐步放松,电视传媒行业显示出了极大的上升和赢利空间。“制播分离”“频道所有权与经营权的分离”“网台分离”这些新政策都直接或间接地给非国有电视企业带来了扩大市场份额的机会。

至2010年,中国拥有近12亿电视观众、千余家各类规模电视台,已成为世界上最大的电视观众市场和电视内容需求市场之一。

风顺传媒公司在电视内容、宽带内容、音像内容的提供、电视及网络广告的经营等方面都占据相当的市场份额。

四、市场份额与竞争

在面向全国播映的电视栏目市场领域里，风顺传媒公司市场占有率在同类公司里排名第二位。我公司电视栏目目前占全国各地频道电视节目时段达30%。自2010年6月起，随着新节目《××》的推出，预计风顺传媒公司的市场份额将超过主要竞争者，将成为栏目数量、占有频道时间、广告价值总额排名第一的电视节目公司。

在电视广告市场上，风顺传媒公司拥有全国各地频道800小时/年的广告时间。广告年收入总额为1.3亿元人民币，在同类公司里排名第一。

影视版权交易，2010年取得了1 000小时的节目容量，9 000万元销售收入的成绩，在同类公司中排名第四。

五、营销战略

以“进一步扩大市场占有率，形成市场领跑者的地位”为公司未来的奋斗目标和营销发展战略。

六、企业竞争优势

（一）传媒网络

基于庞大的资金支持、营销团队的大力开拓以及创始人的海外传媒背景和运作经验，风顺传媒公司现已建立起了一个覆盖全球的节目供应网络，公司在国内外节目制作、集成、整合、供应等方面的能力远胜于主要竞争对手。

（二）完善的电视节目产业链条

在不断地发展成长中，风顺传媒公司拥有了完善的电视节目产业链条：策划—片源整合—制作—发行—市场营销—广告—多媒体开发，是国内少数几家拥有产业链的电视企业之一。

（三）庞大的节目库

公司长年积累形成的影视节目库包括超过2 000小时的拥有自有知识产权的母带库、40 000小时的样带库、10 000 000小时全球节目资料库，是目前国内最完整的节目库之一。

（四）企业品牌

风顺传媒公司目前已成为国内电视传媒业、广告业知名的电视公司之一，公司品牌商标成为著名商标，海内外知名度较高。

七、管理团队

章××，创始人，联合总裁。曾在英国、澳大利亚等国长期从事电视传媒事业，在电影电视、广告等的设计、策划、包装、市场运作等方面具有极为丰富的经验。

路××，创始人，联合副总裁。他年轻有为，精力充沛。曾长期在海外从事电视传媒、网络运营，是目前传媒界内颇具影响力的经营者。

除了以上高层传媒经营人，公司还拥有一支富有传媒专业经验的本土核心团队，共同形成一个高效率的管理层。

八、公司未来三年发展目标

通过加强公司传媒产业链的各主要环节建设，进一步形成更为完善的传媒业经营平台。在未来三年内，公司将发展成为以电视媒体的内容提供和媒体经营为主，同时涉及平面媒体、数字化媒体等其他媒体的跨媒体综合性传媒集团。2011年，公司的年营业额将超过2亿元，2012 年，公司的年营业额将超过 3 亿元，2013 年，公司的年营业额将超过 5 亿元。

九、财务预测与融资计划

公司在未来三年的高速成长中，将分别形成 2 亿元、3 亿元、5 亿元的销售收入，但同时也需要进一步筹集一定量的资金。

第一期融资计划：2011 年以发行公司债券方式融资 5 000 万元人民币。资金将用于进一步扩大市场占有率，更迅速地占据市场领先地位；大幅度增强自制节目能力和节目开发能力。

第二期融资计划：2012 年以增发普通股方式融资 8 000 万元人民币，资金将用于频道经营与战略性业务扩展。

【案例二】

A 公司商业计划书

一、公司简介

A 公司是一家专业生产、经营顶级品牌——电动自行车、电动摩托车、电动喷雾器等 A 系列产品的企业。

本公司创建于 2000 年 7 月份，目前，拥有生产流水线两条，固定资产 800 万元，员工 120 多人，其中高级管理人员 10 人，中层管理人员 15 人。并在 2002 年 6 月通过了国家生产许可证的验收；被省质量监督局 2002 年度抽查测定为合格产品。2003 年 3 月通过北京中大华远认证中心的 ISO 9001 质量体系认证。

本公司在电动车行业的产销量名列前茅，在浙江县市级市场上销售网络遍布率达 80%；并渗透了福建省、江西省、安徽省、重庆市、广西壮族自治区等省市市场；并通过了浙江省、江苏省、上海市、山东省等新产品鉴定，列入以上各省份公安厅目录。

本公司将以打造 A 品牌为企业目标，发展多元化经营，加快网络建设；开展网络服务和电子商务，努力将本公司建设成为集研制、开发、生产、销售、信息网络、科技服务于一体的区域性乃至全国性的电动车企业。

二、市场分析

(一) 品牌定位

争做电动车行业的领导品牌。

(二) 目标市场

县级、地级市(25—35 岁的女性为主要目标消费群)。

(三) 市场前景

21 世纪已经到来，20 年的改革开放使中国大地发生巨大的变化，市场已不再是昨天的市场。各行各业的人们在不同的领域中拼搏发展，或沉或浮，实现各自的理想。在走过原始积累的辛酸苦辣后，他们成为社会财富的拥有者。

而随着高新技术产业的迅猛发展，加快了信息的传递速度，使国内电动车市场前进的步伐在不断加快。电动自行车作为一个新兴的产物，它的诞生来自于自然资源的日渐减少、城市环境的日渐恶劣、人们生活需求日需提高的情况下，故电动自行车的出现使之成为人们为之风靡的产品。这不仅是国内市场，国外市场亦如此。公司的网站以及公司注册在阿里巴巴的网站，外商的访问率居高不下，良好的市场前景为电动车行业带来前所未有的机遇和挑战。

目前，公司引进人才，布好棋局，提炼公司核心价值，提高自身的竞争力。在产品质量管控、新产品开发、营销策略制定等方面都充分地体现公司“做大、做强”的定位需求，使公司并行国内销售、国际贸易两条轨道，迅速在电动车行业崛起。

（四）产品优势

低噪声、高效率、驱动力矩大、无火花换向。

（五）市场现状

2003年的浙江电动车市场，由于绿源、小飞哥、欧豹、以人等国产厂家控制了近70%的市场，因而整个市场运行大体平稳，但里面同样潜伏着引起市场动荡的因素。

1. 价格仍是导致电动车市场最不稳定的因素。尽管电动车前四大品牌控制着绝大部分市场，但部分区域品牌想扩大市场份额，往往用低价策略来扰乱市场；另外，即使在几个大品牌之间，在市场的压力下，也在暗中较劲，其中某电动车几大型号降价，这些都是可能引致电动车价格战的不确定因素。

2. 电动车行业对比摩托车来说，技术含量相对较低，电动车企业之间的竞争更多地体现在成本上，但随着几大品牌的规模已经形成，成本优势相差无几，因此电动车行业技术升级之战不可避免，节能技术、绿色技术、数字化技术等等技术革新将引发新的竞争。

3. 从整体上来看，目前电动车市场仍处于供大于求的状况，竞争渐趋于白热化，加之电动车电机、电池的不稳定，许多老企业面临着生产设备和技术更新的难题。激烈的竞争将厂家面临多重压力，市场份额向大品牌集中，小品牌的市场份额也正在大幅下降，部分企业甚至已处在挣扎线上。

4. 从市场需求情况看，电动车消费的档次将逐步拉开，一些整体品质卓越的高品位电动车将成为市场消费的主流，技术含量高的精品电动车因具有绝对的换代优势而受到欢迎。

5. 由于农村普及速度加快，一些低价位电动车的需求重心由城镇居民家庭向城郊农村地区延伸，需求总量呈稳步上升之势，产销状况趋势向好，生产处于良性循环的合理区域内。加之最近处于“非典”时期，更为电动车市场带来前所未有的机遇和挑战。

6. 地区性品牌借助地缘资源在当地拥有相当的市场占有率。

因为其自身资源、经营管理、销售网络等原因，在当地拥有相当的市场占有率，形成了一定的区域壁垒。由上面的市场状况分析可知：

首先，技术竞争必将升级。随着电动车行业第二轮高速发展期的来临，国内电动车市场的格局将面临着重新洗牌，新老两大阵营之间的对抗将围绕如何赢得电动车换代市场来进行。

其次，电动车企业的营销管理能力将接受严峻考验。绿源及其他新进入者，营销管理规范、运作系统，市场控制力强、市场策划一流、手法稳健，A电动车将如何应对，如何强化自我的营销能力，将成为对A电动车的最大考验。

（六）融资计划

公司计划以借贷形式，一次性借贷100万美元，用于新品开发、设计、市场推广、广告投入及扩大生产规模。其中20万美元，用于市场推广及广告费用；80万美元用于其他营运活动。

公司计划用两年收回运营资本。

三、市场推广

（一）营销策略

品牌定位：中高档。

目标市场：国内二级、三级。

渠道策略：特许经营、专卖连锁。

产品策略：在建立行业品牌形象后，向相关联的领域拓展，营造属于A品牌的形态意识。

（二）推广预测

年份	终端网络/家	销售额/万元
2003年	50	5 000
2004年	100	10 000
2005年	200	15 000
2006年	350	20 000

在销售额达到1亿元时，计划扩大生产规模（土地征用，厂房建设及设备投资），达到年产A电动车10万辆的目标，满足2亿元的年销售额的需求。

通过一系列运作，于2006年完成2亿元销售额，发展终端网络350家，年生产A电动车10万辆。A品牌在中国的二级、三级城市的一类商场或街面拥有专柜或专卖店，并扩展到经济发达的一级城市。A品牌成为中国电动车行业的领导品牌，消费者对A电动车的首选品牌。

四、管理目标

营销管理上以“责任清楚、机构合理、规范运作、提高效率、赏罚分明”为目标，通过组织架构的设定和业务流程的重新梳理，将A公司建设成为“以客户为中心、以市场为导向”的现代营销型公司，使其不但能够出色完成公司下达的营销任务，而且能够在竞争越来越激烈的市场中引领整个A公司稳健发展、壮大。

通过明确相关岗位工作流程及相关岗位的岗位功能，界定相关岗位的岗位责任，明确相关岗位工作制度、绩效评估、激励考核及奖罚制度（包括各岗位的奖罚制度），明确派出机构的管理，建立各类规范化表格（如：销售日报表、业务人员工作计划表、绩效考核表等）及营销服务体系（服务的流程、规范、制度、政策、特色）等。

五、回报分析

按4年预期目标计算：

年销售额：20 000万元；

产品成本：20 000万元 ×50%=10 000万元；

市场推广、广告营销费用：20 000万元×20%=4 000万元；

税 收：20 000万元×10%=2 000万元；

利 润：20 000万元×20%=4 000万元。

六、SWOT 分析

优势方面:A 已有相关产品生产及销售的经验,在统一经营上领先一步。有利于树立企业的整体形象,提高产品及服务质量。

主要劣势:没有形成一个以市场为导向、以顾客为中心的组织体系,内部没有形成统一的价值观,而且在新品开发、设计、工艺质量方面,条件不够成熟。同时,主要竞争对手的市场意识在增强,都逐渐开始注重品牌和服务,机制灵活,对市场变化反应迅速,对 A 形成较大威胁,加之行业跟随者及其他品牌的进入将分享 A 品牌的市场份额,使 A 品牌渐渐失去行业绝对领导品牌的优势。

A 系列产品虽说市场潜力很大,但需主推 A 电动车,其他产品自然销售。只有当产品向专、新开发,渠道和服务向深、广发展,才能使 A 品牌真正强大起来。通过对市场的分析,我们发现,电动车行业在国内外市场上是属于新兴的产品。这反而给 A 提供了很好的机会。只要及时调整企业战略,充分利用资源,进行合理整合,A 品牌完全可以在激烈的市场竞争中赢得一席之地。

单元二 销售计划书

一、销售计划的概念

销售计划书

销售计划是指企业根据历史销售数据和已有的销售合同,综合考虑企业的实际情况而制定的针对部门、人员的关于任何时间范围的数量或金额销售指标,并以此来指导相应的生产、采购、资金筹措以及相应的其他计划安排和实施。

一般地,销售计划按照不同的标准,可分为以下四类:

(1) 销售计划从时间长短来分,可以分为一周销售计划、旬销售计划、月度销售计划、季度销售计划、半年度销售计划、年度销售计划等。

(2) 销售计划从市场区域来分,可以分为整体销售计划、区域销售计划。

(3) 销售计划从范围大小来分,可以分为企业总体销售计划、分公司(部门)销售计划等。

(4) 销售计划根据企业的不同,又分为生产企业销售计划、流通企业销售计划、零售企业销售计划等。

二、销售计划书的内容

销售计划书的内容至少应包含以下六点:

(一) 商品计划

商品计划包括每月(每季及每年)产品上市计划和产品结构计划、产品开发的目标市场研究、商品销售价格制订及其调整等内容。

(二) 渠道计划

渠道计划包含渠道结构、渠道市场、渠道管理和渠道发展的各项具体政策和措施，反映了企业整体渠道战略的规划。

(三) 成本计划

成本计划包括生产费用计划、制造费用预算、单位产品成本计划、商品产品成本计划等。

(四) 销售单位组织计划

销售单位组织计划包括组织设计的原则、具体的组织机构、人员配备、职责等内容。

(五) 销售总额计划

销售总额计划指在计划涵盖的时间范围内计划达到的销售总额，可根据计划销售量及单价得出。

(六) 推广宣传计划、促销计划

推广宣传计划、促销计划包括推广宣传的媒介选择、拟投入的资金量、欲达到的效果评价等内容。

三、销售计划书的制定依据

销售计划书的制定必须切合实际、有理有据、有的放矢，并具有实际可操作性、可实现性。一般地，应当考虑以下情况：

(一) 本公司的生产情况

主要描述本公司生产产品种类、规模、性能、特征等内容。

(二) 市场的需求情况

主要描述市场对产品的需求程度、市场饱和程度、未来发展潜力、发展方向等内容。

(三) 市场的竞争情况

主要描述产品的竞争对手、竞争对手的产品比较、同类产品的种类等内容。

(四) 上一销售计划的实现情况

主要描述上一销售计划的执行情况、实际偏离计划的程度、实际偏离计划的原因、修正计划的情况等内容。

(五) 销售队伍的建设情况

主要描述公司销售队伍人员的组成、学历知识结构、销售能力等内容。

四、编制销售计划书的步骤

(1) 分析营销现状、确定销售目标。

(2) 制定销售策略、编制销售计划。

(3) 执行计划、过程控制。

(4) 分析考核、修订调整。

模版案例

销售计划书模板

一、封面

销售计划书的封面可提供以下信息计划书的名称、拟定机构名称、计划书完成日期及其适用时间段。

二、正文

(一) 基本目标

1. 销售额目标:

(1) 部门全体:××元以上;

(2) 每一员工/每月:××元以上;

(3) 每一营业部人员/每月:××元以上。

2. 新产品的销售目标:××元以上。

(二) 基本方针

1. 稳定销售机构。

2. 讲求工作效率,物质激励贯穿销售全过程。

3. 加强各种业务管理。

(三) 业务机构计划

1. 重新规划机构设置。

2. 销售机构实行岗位责任制。

3. 未来逐步引进高素质销售人才……

(四) 零售商的促销计划

1. 新产品销售方式体制:每名销售人员负责一定数量的零售商,进行服务及销售指导、技术指导等,以促进销售。

2. 提高零售店店员的责任意识。

(五) 扩大顾客需求计划

1. 有针对性的广告计划。

2. 灵活的促销计划。

(六) 营业实绩的管理及统计

1. 利用各零售店店员反馈信息,统计各零售店销售实际业绩。

2. 统计各销售处的实际销售业绩。

(七) 营业预算的确立及控制

1. 确立营业预算与经费预算。

2. 各事业部分别制定本部的营业方针及计划。

【案例一】

2012年销售计划书

第一条　为扩大销售,以低价位、高质量迅速占领市场,特制定本销售计划。

第二条　在选择销售据点时,以中型以上规模的销售店为代理销售点。

第三条　关于前项的销售据点,在事务处理时,务须确实慎重行事。

第四条　与销售店开始进行新的交易之前,须先做好调查、审议及条件的查核。

第五条　销售人员在接受订货和收款工作时,不得参与相关的附带性事务处理工作。

第六条　进货总额中的10%应当用于对公司的订货。

第七条　进货时要设立交货促进制度,对于交货成绩优良的厂商,将采取退佣方式予以奖励。

第八条　公司每月召集由各进货厂商、外包商及相关人员进行磋商、联络、协议。

第九条　处理对外订货事宜时应使用报表,各种表格的填写必须详尽。

【案例二】

××公司销售计划书

一、市场分析

年度销售计划制定的依据,是过去一年市场形势及市场现状的分析,采用的工具是目前企业经常使用的SWOT分析法。通过T分析,了解了市场竞争的格局及态势,并结合企业的不足和机会,整合和优化资源配置,使其利用最大化。

……

二、营销思路

(一) 树立全员营销观念。

(二) 实施深度分销,树立决战在终端的思想。

(三) 综合利用产品、价格、通路、促销、传播、服务等营销组合策略,形成强大的营销合力。

……

三、销售目标

(一) 根据上一年度的销售数额,本年度销售额拟增长20%。

(二) 将销售目标具体细分到各层次产品。

……

四、营销策略

(一) 产品策略,坚持差异化,走特色发展之路。

(二) 价格策略,逐步采用"撇油法""渗透法"等策略。

(三) 通路策略,创新性地提出分品项、分渠道运作思想,大力度地开拓学校、社区、网吧、团购等一些特殊通路。

(四) 开展连环促销。

(五) 服务策略,开展"贴身式""保姆式"的服务观念。

……

五、团队管理

(一) 人员规划……

(二) 团队管理:健全和完善规章制度、强化职工培训,提升团队整体素质和战斗力。

(三) 严格奖惩,建立良好的激励考核机制。

……

六、费用预算

……

单元三　利润分配计划书

一、利润分配计划书的概念

利润分配计划书是企业根据国家相关规定确定企业利润分配关系时形成的书面材料。利润分配主要指上交国家的利润、所得税和企业自主分配利润等。

二、利润分配计划书的写作要点

（一）标题

标题应当包括：计划单位名称、计划名称、利润分配涵盖的时间范围，如《××公司 2011 年度利润分配计划》。

（二）正文

正文主要说明计划单位的基本情况、制定分配计划的指导思想、利润分配指标和利润分配的具体方法、方案等。

（三）落款

注明利润分配的单位及其计划制定日期。

【案例】

××公司 2011 年度利润分配计划书

在全体员工的努力奋斗下，我公司 2011 年度共实现净利润 2 000 万元。按照《会计法》《公司法》等法律法规要求，考虑我公司既定股利分配政策及实际情况，现制定 2011 年度利润分配计划如下：

一、提取盈余公积金

盈余公积金按税后净利润的 10%提取，2011 年度提取金额为 200 万元，提取后公司盈余公积金总额为 500 万元，占公司实收资本的比例为 15%。盈余公积金主要用于保证重点项目的实施以及改造和扩大生产。任意公积金（公益金）根据董事会决议，按照税后净利润的 5%提取，2011 年度提取金额为 100 万元，提取后总金额为 50 万元。

二、利润指标的确定和考核

（一）确定各事业部年度利润分配基数

由计划科、财务科根据各事业部销售情况，结合品种类别、上年实际百元利润，求出各品种利润和全部产品利润总额，在适当考虑营业外支出的条件下，确定年度利润分配基数，以此作为奖励基金分配的依据。

（二）奖金分配办法

按照公司规定，各事业部在完成公司下达的产量、质量、品种、利润指标后，按每月每人8元返回企业，每少完成一项，扣减25%，即按6元返回企业。公司统一计提的奖励基金，减去每月返回企业的数额后，除留少量作为调剂使用外，结余部分根据各事业部完成利润定额的情况，按照超利润的比例，结合职工人数进行分配。即该事业部职工人数，乘以超利润定额比例，变成分数，以各事业部分数之和，去除公司结余奖励基金，得出每分的分值，再乘该事业部分数，即为该事业部应得的奖励基金。计算公式如下：

实现利润－调整后利润定额＝超定额利润

超定额利润÷调整后利润定额×100%＝超额率

超额率×平均职工人数＝该事业部分数

公司结余奖励基金÷各事业部分数＝每分的分值

该事业部分数×分值＝该事业部应得奖励基金

经济处罚：发生重大事故造成死亡、火灾等，使国家财产遭受重大损失的，扣罚奖金。违犯财经纪律问题较严重的，扣罚奖金。扣罚办法视情节严重程度，由公司领导决定。

该利润分配计划经股东大会通过后，由董事会负责实施。

××公司

××年×月×日

单元四 广告计划书

一、广告计划的概念

广告计划是指企业对于即将进行的广告活动的规划。广告计划有广义广告计划和狭义广告计划之分。广义的广告计划，是指包括广告市场调查、广告目标计划、广告时间计划、广告对象、广告地区、广告媒介策略、广告预算、广告实施、广告效果测定与评估在内的全部广告活动的内容。狭义的广告计划，是指包括广告目标、广告地区、广告时间和广告对象等的确定。本节中所讲的广告计划是从广义角度来进行分析的。

二、广告计划的分类及其意义

（一）按涵盖的时间范围分类

1. 长期广告计划

长期广告计划是指一些大型工商企业依据市场营销的战略要求，或原有产品开拓新市场的战略要求，以三至五年为限的大型广告规划，具有长期性和系统性的特点。

2. 年度广告计划

年度广告计划又称为中期广告计划，是指企业在一年内按季分月制定的系列广告活动规划，大多是大中型企业所实施的广告活动的规划。

3. 临时广告计划

临时广告计划又称为短期广告计划，是指在开展广告活动中，不受中长期的广告计划限制，在短期内所开展的补充性、机动性的广告计划。这种广告计划带有明显的机动灵活性和随机性，通常是一些大中企业为当时的市场营销需要、针对市场情况所作出的补充性和机动性广告计划，或者是小型工商企业的临时性广告计划。

（二）按内容分类

1. 专项广告计划

专项广告计划是指为单项产品、具体劳务或企业个别形象等而制定的广告计划。

2. 综合广告计划

综合广告计划是指企业在生产经营活动中制定的各项产品、各种劳务或整体企业形象的综合系性广告宣传计划。

广告计划是根据工商企业的生产目标、销售目标、市场定位、营销策略、促销手段以及广告任务来制定的，是企业有计划地进行广告活动的规划，可以使广告活动科学化、规范化。企业在制定出广告计划后，在具体实施时就可以合理地安排广告预算，并为广告效果测定提供依据。

三、广告计划书的内容

广告计划书一般包括广告任务、广告预算、广告媒介策略、广告实施策略、广告设计方案、广告调查和广告效果测定等项内容。

（一）广告任务

广告任务包括广告内容、广告对象、广告目标、广告时限等主要内容。

广告内容是明确广告的诉求范围和诉求重点，目的是让消费者认识广告的内容信息，并通过广告来促使消费者产生印象。

广告对象是指对什么地区、什么阶层、什么集团实施广告宣传。

广告目标是指广告所要达到的目的，即通过广告宣传要得到什么结果。广告目标必须为企业的总目标和营销目标服务。

（二）广告预算

广告预算是对广告活动费用的预计，是列支广告经费的依据和具体方案。

（三）广告媒介策略

广告要经选定的媒介来传播经济信息。不同广告媒介的配合运用，其广告效果也不同。

（四）广告实施策略

广告实施策略是规划广告和实施广告的基本手段，广告实施策略，应当正确地确立广告创作方针，提出广告设计方案，制定完整的广告活动步骤。

（五）广告设计方案

广告设计方案，是确立广告创作方针和对广告设计制作的基本要求，是委托有关广告制作部门和人员设计、制作的具体方案。

(六) 广告调查

广告调查应当包括广告的前期市场调查、媒介调查和广告实施后的广告效果调查。

(七) 广告活动的组织

应当指明企业广告活动的组织机构、组织广告活动的原则、权限等内容。

(八) 广告执行人员

应当指明广告活动由谁负责、相关人员的分工等内容。

(九) 广告效果评估

广告计划中应当明确规定广告效果的评估机制、评估办法、修正措施等项内容。

四、广告计划书的撰写

(一) 封面

应当写明广告计划的撰写单位名称、涵盖时间范围等,如《××公司2012年度广告计划书》。

(二) 执行摘要

简明罗列广告计划的要点,如本次广告策划活动的费用预算、广告创意的概况、针对的媒体受众(或目标市场)、所使用的媒体种类等。

(三) 正文

正文部分应当就上述各部分进行详细撰述,作为一种文件性书面资料,在撰写时要注意以下问题:

(1) 语言简明扼要。

(2) 少用代词。

(3) 不要推论。

(4) 说明资料的来源。

(5) 完整全面又重点突出。

模版案例

广告计划书模板

××公司2012年度广告计划书

一、执行摘要

(一) 广告创意概述

(二) 广告预算

……

二、市场分析

(一) 企业或产品品牌分析

(二) 产品分析

(三) 目标市场分析以及

(四) 竞争状况分析等内容

……

三、广告促销的目标

(一) 本次广告推出后，产品知名度提高20%。

……

四、广告预算

(一) 本次广告总经费为1 200万元，分四次投入，具体见附表。

……

五、广告建议事项

广告建议事项是广告计划的核心，它应包括以下内容：

(一) 目标市场

(二) 广告创意策略

(三) 设计制作

……

六、对广告媒体的推荐

(一) 媒体所要解决的问题

(二) 媒体目的：即用定量的指标规定广告媒体计划所要达到的目标，一般应包括广告媒体受众的人数；这些人是否与目标消费者的特征相一致等。

……

七、对促销活动的推荐

(一) 促销活动目的

(二) 促销方式

……

八、广告计划的评估

附表：(略)

【案例】

××公司2012年度广告计划书

一、目前现状

××厨具专业街共有店面500余间，其中200间左右店面已经出租并有固定的经营户在此经营；200间左右店面的经营户还处于观望状态；有100间左右店面处于待租状态。

二、2012年招商广告宣传重点

过去一年的经验教训是，只注重广告投放而忽略了具体的运作，造成的结果是名气跟商家得到的实际利益不成比例。因此2012年招商广告宣传的重点是宣传今年的一些新变化，尤其是在专业街运作(管理)上的新变化。

三、广告投放目的

本年度广告投放，主要是为了宣传企业，提升品牌形象，加大对企业自身的宣传和市场占有率的提高，同时也是为了让商家看到希望，让更多商家入住专业街。

四、广告安排计划

计划广告将分三个阶段进行：

第一阶段：从4月份开始，为告知阶段。

第二阶段：5—8月，为发力阶段。

第三阶段：9—12月，为扫尾阶段。

本年度广告，均采用软广告形式进行。

小提示

——根据实际，反映客观

——条理清晰，结构严谨

——目标明确，计划可行

教学检测

1. 什么是商业计划？商业计划书如何撰写？某有限责任公司现刚开业，主要经营农产品（水果），请你代为写作一篇本年度的商业计划书。

2. 什么是销售计划？怎样撰写销售计划书？某营销公司主要经营治疗糖尿病的药品，请你代为写作一篇销售计划书。

3. 什么是利润分配？怎样撰写利润分配计划书？某股份有限公司2011年度实现净利润1 000万元人民币，公司实行固定股利支付率（15%）的收益分配政策，请你代为写作一篇利润分配计划书。

4. 什么是广告计划？怎样撰写广告计划书？某公司主要经营中档白酒，为扩大销售，今年拟加大广告投资，请你代为写作一篇具有可操作性的年度广告计划书。

学习情境三

商业营销文书

知识要点

◆ 了解商业营销文书的种类；

◆ 了解招商启事、招商说明书、企业质量与服务承诺书、授权委托书、可行性研究报告等商业营销文书在商业活动中的作用；

◆ 掌握招商启事、招商说明书、企业质量与服务承诺书、授权委托书、可行性研究报告等商业营销文书的概念、内容、特点，熟悉相关写作要求。

核心概念

随着社会主义市场经济的繁荣发展，人们的经济活动日益增加，经济类的文书使用越来越频繁。商业营销文书是一种常用的经济应用文，在现代商业活动中越来越重要。商业营销文书有专用的文本，有特有的写作技巧，有特定的格式规范和习惯用语。

单元一 招商启事

一、招商启事的概念和作用

招商启事是政府机关、商场、公司企业、旅游景点等单位为招徕投资者、合作者、合资者、经营者、开发者等合作对象而使用的一种经济应用文书。

未来社会的经济发展需要广阔的横向合作和宏观的发展思路，而采取各种手段广泛招徕投资者、开发者、合作者，是发展经济的主要手段之一。在以经济建设为中心的现代社会中，招商启事具有重要的作用。

二、招商启事的特点

（一）合作意向性

招商启事是面向全社会不特定对象公布在特定范围内的合作意向、为双方未来开展经济合作制造契机的一种实用文书，各类单位的招商启事均具备这一特性。

(二) 广告宣传性

招商启事不是广告，但在一定范围内却如同广告一样，具有一定的宣传作用。通过招商启事，人们可以对发布者的地理、环境、资源、政策、服务、设施等优势有一个基本的了解，对于发布者来说，实际上是扩大了知名度，获得了广告效应。

(三) 双方共赢性

招商启事通常会列明优惠政策，以吸引潜在的合作者，实现双方共赢。

三、招商启事的写作要点

招商启事主要包括标题、正文和落款三部分，要求作者言简意赅、表述准确、描述清晰。

(一) 标题

招商启事的标题有很多种，一般有以下几种形式：

(1) 由文种名称单独组成，如《招商》《招商启事》《招商纳贤》。

(2) 由文种和招商地区或单位名称共同构成，如《××公司招商广告》。

(3) 其他，如直接使用“诚招代理商”“寻求合作”“诚寻合作”“急寻合作伙伴”等作为标题。

(二) 正文

正文通常包括以下四个部分。

1. 基本情况介绍

该部分要重点介绍招商方的地理位置、资源、环境、面积大小、基本设施、客流量等情况，以对潜在的合作者产生吸引力。

2. 招商项目介绍

该部分应具体写明具体的招商项目、招商项目的目前状况、未来规划等内容。

3. 招商对象及其要求

招商启事中应当明确具体的招商对象及其资质、技术、资金要求等内容。

4. 合作优惠政策

在招商启事中应当说明主要的优惠政策，使潜在的合作者能够看到获利的希望。一些无法确定的因素，如利益分配等问题可详细商谈。

(三) 结尾

主要用来写明要具体地列出招商单位的名称、详细的通讯地址和邮政编码、电话、传真、电报挂号、网址、电子邮箱、联系人等内容。

模版案例

招商启事模板

××市坡义沟景点开发招商启事

一、景点简介

坡义沟位于××市西北约20公里处，古名为封神榜中“界牌关”，该处鸟语花香，风景宜人……现诚招开发合作商。

二、开发商要求

开发商要求具备旅游项目经营5A级别资质，注册资金符合国家规定，年营业额达到国家规标准以上……

三、优惠政策

经××市研究并报经国家相关部门批准，开发商可享受以下优惠政策：

1. 三年内免缴企业所得税。

2. 景区内车船免缴车船税。

有意者请速联系沈先生。

联系电话：98765432

××市政府旅游管理局

××年×月×日

【案例一】

沙沟涧旅游建设项目招商启事

沙沟涧是太行山名胜区的重要组成部分，2010年接待游客30余万人次。为加快沙沟涧旅游开发建设步伐，现推出五个重点旅游建设项目向全社会招商，欢迎各界投资者参与这些项目的投资经营。

一、沙沟涧观音文化园

本项目以沙沟涧南山景区为基础。2010年南山景区接待游客8万人次，门票10元/人，预计本项目建成后年接待游客可达20万人次，门票20元/人。一期工程总投资2 500万元，建设内容为观音大立像、心经谷、观音造像艺术展馆。

二、观光游船

本项目的观光游船船型为“白天鹅”三桅帆船，载重量100吨，每艘游船投资100万元。

三、养殖观光园

本项目占地50亩，总投资300万元。建设主要内容为观赏池、烧烤场地、标本展览馆、垂钓园。

四、观(听)潮阁

项目选址在沙沟涧涧内，项目投资1 000万元。观(听)潮阁是供游客听潮声、观湖景、领略自然风光的休憩和游览之处。

上述项目均可整体开发或分块建设，开发建设中的利益分配等具体问题视项目情况可详细商谈。

有意者请速与我公司联系，联系人：敬先生。

联系电话：××

网址：××

Email：××

沙沟涧旅游开发投资有限责任公司

××年×月×日

【案例二】

招 商 启 事

兹定于2012年×月×日上午，在北京市农业展览馆召开2012年河南省××市现代农业项目招商推介会，届时将推出瓜果、蔬菜、水稻、水产等规模养殖、农产品深加工、观光生态农业等十多个现代农业建设项目。诚意邀请社会各界朋友光临，共襄我市农业发展大计。

有意者请于2012年9月30日前预约登记。

联系人：吴先生 1234567　　　黄女士 2345678

××市农林局

2012年1月1日

单元二　招商说明书

招商说明书

一、招商说明书及相关概念

招商说明书是指企业通过大众媒介向社会说明企业对外招商活动有关业务项目，业务客户、合作对象、经营场所、社会资金、业务人才、经营方略、实施方案拟或寻求商务项目、以便具体开展业务活动的书面材料。

（一）招商说明书与招商启事的区别

招商启事是政府机关、商场、公司企业、旅游景点等单位为招徕投资者、合作者、合资者、经营者、开发者等合作对象而使用的一种经济应用文书，主要起告知作用。招商说明书则是对招商事宜的更为具体的说明、介绍，是对投资项目的详细解释，主要起引导作用。严格来讲，招商启事是招商说明书的一种。

（二）招商说明书与广告的区别

广告是一种促销活动，特征是"务虚"；招商是一个相对独立的工作项目，特征是"务实"。商务广告的内容是围绕促销展开的，以宣传商品和销售为核心；招商说明书是针对经营业务确定的，以具体的人、财、物事宜为说明对象。

（三）招商说明书与商品说明书、企业说明书的区别

招商说明书是对商务活动需要社会参与的项目进行的说明；商品说明书是说明商品的情况；企业说明书是介绍企业的概况，三者就说明对象的侧重点不同。

（四）招商说明书与招标文书

招标文书所招标的项目是国家规定的工程、服务或商品；招商说明书所招标的项目国家是没有规定的，而且一般没有竞标的程序。但二者招标的对象通常都是不特定的。

二、招商说明书的种类

(一) 按内容分类

招商说明书按其内容可分为商务项目招商、商务项目的转让、业务客户招商、合作对象招商、经营场所招商、社会资金招募、业务人才招聘、经营方略征询、实施方案征集等。

(二) 按文书名称分类

招商说明书按其使用文书名称来分,可分为使用规范招商说明书名称或使用其他名称两类,后者如启事、海报、声明、招聘等。

三、招商说明书的写法要点

(一) 标题

招商说明书的标题一般有以下两种写法:

1. 招商单位加事由加文种

文种用其全称,如"××公司××项目招商说明书"。

2. 事由加文种

省略招商单位,直接用"事由加文种"加以表述,如"国际电器电子城招商",甚至有时直接以启事名称进行招商,如"××公司招聘启事"等。

(二) 前言

该部分一般为招商单位的自我介绍和招商的缘由。如某国际商品城如此描述:××国际商品城是经市人民政府批准、市计委备案,在市工商行政管理局直接领导下,由国际商品城有限责任公司投资兴建的华北地区规模最大的家用电器专业市场。

本商品城位于市中心市委大道001号,东接……,西接……,南接……,北接……。本商品城地理位置优越,交通便捷,人流如潮,是投资经营的理想场所。

(三) 主体

主要介绍招商项目情况和对招商对象的说明,如招商项目的名称、范围、构成、内容、性质、意义、价值、利益、发展、前景以及招商对象的范围、条件、要求等所作的明确说明。

(四) 诚意表达

招商有诚意,才能给招商对象带来好处,才更具有吸引力,因此应对此作必要的说明或是承诺。

(五) 落款

(1) 发起人名称。

(2) 制作时间。

(3) 联系方式及其他因素。

因此,招商说明书写作时,应注意以下两点:

(1) 对招商项目作具体、细致、客观、科学的说明。

(2) 招商说明书应当具有一定的吸引力。

【案例】

中天·阳光美地商业内街招商说明书

尊敬的客户：

您好！

随着“中天·阳光美地”全阳光版花园洋房高品质社区的逐渐成熟，小区商业内街的价值已逐步凸现，这里将成为聚集小区人气，辐射周边居住区的黄金商业街区。作为中天·阳光美地小区的开发方，重庆商社中天物业发展有限公司将对小区商业内街店铺的经营权面向社会各界公开招商，我们真诚地期待有一定经营实力、诚信经营的商家进驻商业街，把握商机，共创辉煌！

现将公司情况和招商项目呈现给您。

一、重庆商社中天物业发展有限公司简介

重庆商社中天物业发展有限公司系中国500强企业——重庆商社集团全资子公司，具有房地产开发二级资质，主营业务包括房地产开发、物业管理、建筑装饰工程等。

2000年公司开始进军房地产市场，开发了南岸2.5万平方米的“浩月大厦”；2003年精心构筑了江北五黄路核心区域的6.8万平方米的高档精品小区——中天·香悦华府；2004年至今，公司正倾力打造地处南岸经开区建筑面积16万平方米的高品质居住小区——中天·阳光美地。

历年来，公司先后获得“全国诚信经营示范单位”“重庆市文明单位”“重庆市诚信房企50佳”等多项奖项。物管方面，重庆商社大厦先后荣获“渝中区优秀物管大厦”“重庆市示范物管大厦”“全国示范物管大厦”等荣誉，并荣获“重庆市优秀物管企业”“重庆市信得过物业管理企业”等称号。

二、中天·阳光美地项目简介

中天·阳光美地位于南岸区南湖路，总用地面积157亩，容积率1.5，绿化率35%，地上建筑面积140 253平方米，住宅总套数866套。建筑形态为4层、4+1层、5层、5+1层、6层的多层花园洋房建筑形态，系重庆市高品质花园洋房住宅区。

中天·阳光美地自2004年8月正式面市以来，住宅部分完成销售574套，占可销售户数的73.6%；商铺部分完成销售74套，占可销售户数的73.7%。目前阳光美地一、二期已交付使用，三期工程已进入扫尾阶段，23、24号楼已进入施工准备阶段。

中天·阳光美地自2005年10月交房以来，共接房296户；办理装修手续共203户；完成装修验收手续共78户；入住共40户。预计2006年年底入住业主将达到200户以上。由于阳光美地属于新形态、高品质的洋房小区，小区主力户型的单套总价均在50万以上，业主大都具有较强的经济基础，消费能力强，所以在业主大面积入住后，会对商业内街的配套商业形成较大的需求。

三、招商项目简介

中天·阳光美地商业内街由两部分组成，一期商业内街：位于13号楼、15号楼临南湖路商业内街；二期商业内街：16号楼、17号楼临双龙路商业内街。此次公开招商的部分为13号楼、15号楼临南湖路商业内街。

中天·阳光美地商业内街在南湖路片区完全建成之前主要作为小区的商业配套设施，随着南湖路住宅片区的逐步形成，该商业将逐步由小区配套商业逐步转变为社区商业。预计2007年，南湖路——4公里片区的住宅小区将基本建成，将形成有近5万户住户大约18万人口的大型高档居住社区，商机无限！

附：周边楼盘情况

楼盘名称	总建筑面积/平方米	总户数/套
竞地溯源居	115 666	732
竞地溯源阁	65 000	558
回龙湾	240 773	1 690
江南枫庭	90 000	690
绿洲龙庭	93 550	697
阳光美地	160 000	866
骏逸江南	158 246	1 383

附：中天·阳光美地小区区位图

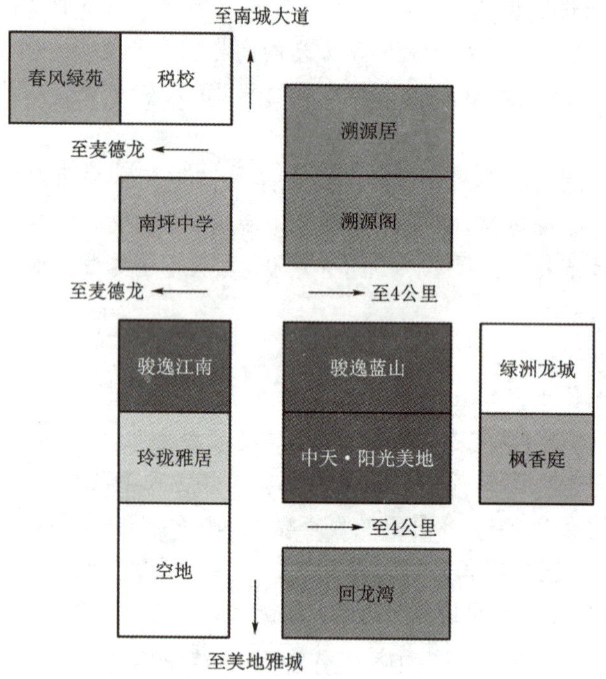

四、招商政策

(一) 原则

1. 业态限制性原则：商家不许经营我公司规定的限制性业态。

2. 业态唯一性原则：同一经营业态原则上只允许一家。

(二) 业态

1. 商业内街招商业态着重于小区业主生活必需的配套需要。

2. 凡具有油烟、粉尘、高噪声污染的业态禁止进入。

(三) 商铺情况

商业内街位置图：

商业内街平面图：

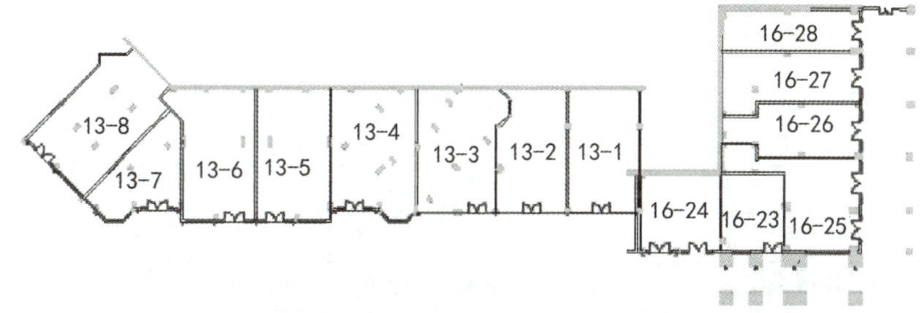

商业街平面

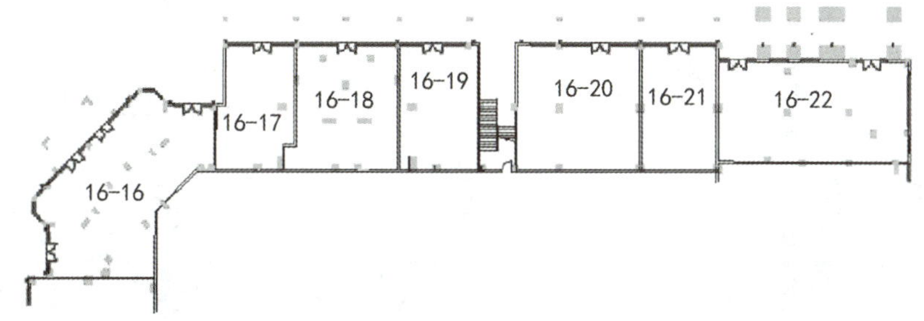

商铺指标：见附件1

（四）租金标准

1. 租金统一按照30元/平方米的标准；
2. 租金按套内面积计算，每半年收取；
3. 2015年12月31日前，租金价格保持不变；
4. 2016年1月1日后，根据市场行情，租金按5%～15%的幅度递增。

（五）租赁期限：合同期限3～5年。

（六）保证金

客户在签订租赁合同时，须交纳等同于三个月全额租金的款项作为保证金，用于商业信用保证，在完全履行合同约定后，保证金全额无息归还。

（七）其他费用

1. 水费：按市自来水公司商业用水标准执行。

2. 电费：按小区物管公司相关规定收取。

3. 物业管理费：按小区物管收费标准执行。（合同期间按2元/平方米执行）

（八）优惠政策

1. 2012年5月1日前签订《商铺租赁合同》的客户，免收2012年5月1日至2015年12月31日的租金；

2. 2012年10月1日前开始经营的客户免收装修期间物管费。

五、招商开始时间

2012年3月1日。

六、联系方式

联系人：李先生、王先生

电　话：××××××××

传　真：××××××××

附件：商铺指标

单元	铺号	套内面积	建筑面积	开间	进深	层高	价格/（元/平方米）
13	1	83.1	85.95	7.06	11.77	4.8	30
	2	78.24	80.91	6.65	11.77	4.8	30
	3	95.57	98.84	8.12	11.77	4.7	30
	4	98.6	101.97	8.38	11.77	4.6	30
	5	91.02	94.13	7.73	11.77	4.5	30
	6	95.06	98.31	8.07	11.77	4.4	30
	7	57.02	58.97	不规则	不规则	4.3	30
	8	101.43	104.89	不规则	不规则	4.3	30
16	16	192.26	194.44	不规则	不规则	5.4	30
	20	144	145.63	11.58	12.43	4.65	30
	21	87.94	88.93	7.07	12.43	4.8	30
	22	181.23	183.28	18.58	9.75	5.1	30
	23	45.88	46.40	6.2	7.4	5.1	30
	24	57.72	58.37	7.8	7.4	4.8	30
	25	80.6	81.51	9.06	8.9	5.1	30
	26	62.14	62.84	4.54	13.7	5.1	30
	27	70.31	71.11	5.13	13.7	5.1	30
	28	56.17	56.81	4.1	13.7	5.1	30

商铺配有：给排水管道，220伏特用电线路，外立面精装修。

单元三　企业质量与服务承诺书

一、企业质量与服务承诺书的概念

承诺书是承诺人对自己未来的思想、行为等所作出的意思表示的书面文书。承诺书本质上是一种保证。

根据承诺主体不同，承诺书可分为个人承诺书、单位承诺书。根据承诺内容不同，承诺书有爱情承诺书、学习承诺书、安全承诺书、产品质量承诺书、服务承诺书、廉洁自律承诺书等。

企业质量与服务承诺书是指企业就其产品质量、服务等为了执行应守的纪律、履行应尽的责任和践行应有的义务，郑重表达自己意愿时所签署的表态性应用文书。

二、企业质量与服务承诺书的作用和特点

(一) 企业质量与服务承诺书的作用

企业面向不特定的对象郑重作出承诺，表明自己的态度，其作用主要有：一是提高自身责任心，为客户而尽职尽责；二是调动全体员工积极性，为服务对象而尽心尽力；三是树立企业形象，提升企业社会知名度和认可度；四是提高自身约束力，自觉接受社会公众、政府机关等的监督。

(二) 企业质量与服务承诺书的特点

1. 严肃性

企业质量与服务承诺书一般都要签署并公开发布书面的承诺，表达真实的意愿，其态度较为郑重其事。

2. 单向性

企业质量与服务承诺书只强调企业自己履行义务，让对方约束自己，不涉及实施权利，为的是自我鞭策，与契约和协议书的既要讲义务、又要讲权利相区别。

3. 条文性

企业质量与服务承诺书写作时，正文部分通常需要分项和分条，内容有较强的逻辑顺序。

三、企业质量与服务承诺书的写作要点

企业质量与服务承诺书的文本结构，可依次由标题、启语、正文、结语、署名、日期六部分组成。

(一) 标题

标题部分可单独以文种“承诺书”为题；也可以用事由加文种组成，如“服务承诺书”；还可以由单位名称加事由和文种组成，如“××公司产品售后服务承诺书”。

(二) 启语

启语主要说明企业签署承诺书的目的、表达作出承诺的意愿，通常用“我公司现郑重承诺……”“我公司向客户、消费者……做以下承诺……”之类语句引出正文。

(三) 正文

正文是企业质量与服务承诺书的关键，其内容主要是做出具体的承诺，多数采用分条式写法。

(四) 结语

结语部分往往是一些表态性语句。

(五) 署名

企业质量与服务承诺书应当有单位主要负责人或其授权的责任人签名并盖章。

(六) 日期

指承诺书需要签署日期，要求年、月、日齐全，规范书写。

企业质量与服务承诺书的写作要求：一是格式须规范，内容须完整，表达须清晰；二是要有针对性、概括性、可行性，要突出重点；三是意思表示须真实，切忌搞形式、走过场，忌出于无奈。

【案例一】

××公司产品质量及售后服务承诺书

我公司在此向社会及用户郑重承诺：

我公司将严格履行合同义务，按时交货，为用户提供优质的产品和服务。在用户正常使用情况下，若使用中出现问题，我公司保证在接到用户信息后(主城区 6 小时，郊区 12 小时内)派出技术人员到达现场进行确认处理，若属质量问题，我方将及时免费维修或更换，除不可抗力和使用方责任外，费用全部由我方承担，并做到用户对质量不满意，服务不停止。

我公司是 ISO 9001 国际质量体系认证企业，我们保证本公司产品是全部通过检验的合格产品，各项质量指标高于国家现有标准要求。

本公司生产的各种电线、电缆产品均符合电线、电缆行业生产的相关标准或按需方合同规定的技术规范。本公司电缆产品的质量保证期，自电缆交货验收之日起一年。质保期内电缆在正常运行条件下发生的质量问题，经质监部门鉴定属于我公司造成的电缆本身质量问题，本公司实行“三包”“一保”制度(包退、包换、包修，保证向用户提供符合要求的产品和良好的服务)；在安装过程中，用户按安装规程进行安装而出现的属于电缆产品本身质量问题，本公司将无偿地、及时地予以解决。

凡选用或订购本公司的产品，可享受我们全方位、专业优质的技术咨询服务：

1. 根据顾客使用的客观条件选择合适的产品型号规格及适当的芯数截面供参考；
2. 提供电缆的敷设条件，环境温度，允许载流量及埋地土壤热阻系数；
3. 提供电线电缆短路时技术数据及电缆导体的最高温度；
4. 提醒用户在施工时应注意的事项及施工方法，禁止野蛮施工；

5. 提供上杆时牵引的弯曲半径,避免电缆人为破坏;

6. 提供封头方法,防止接头浸水。

本公司在交付电缆时,同时提供产品合格证;如用户需要,可提供试验检测报告;若电缆在安装或运行中发现质量问题,本公司将在规定的时间内派出工作人员到现场协助处理;如用户要求本公司赴现场提供技术服务,自用户要求本公司提供服务日起,在以下时限到达:主城区 6 小时内到达;郊区 12 小时内到达,遇到特殊情况,双方协商确定解决。

特此承诺

××线缆有限责任公司

2012 年 4 月 30 日

【案例二】

中国移动通信集团江西有限公司
九江分公司市场经营部公开服务承诺书

一、主要职能

根据中国移动九江分公司发展战略和经营策略,以及有关行业法规,制定全市市场经营的整体策略,策划和组织全市性营销方案,负责市场分析、业务营销与管理、客户服务管理、客户投诉管理、业务及品牌宣传、渠道建设与管理等工作的职能管理部门。

二、服务内容

移动业务。

三、服务对象

全市移动客户。

四、服务承诺

按照省移动公司关于创业服务年活动的部署和要求,结合九江移动市场经营部自身职责职能和工作实际,就深化机关效能建设,提升创业服务水平,创建最优发展环境方面做出具体承诺。

(一) 建立和健全服务工作的三大机制

1. 建立自下而上的服务工作推动机制。

2. 建立服务责任追究制度。

3. 建立营销服务协同机制。

(二) 持续开展好“便捷服务 满意 100”主题服务活动

以“便捷、高效”为核心诉求,持续开展“便捷服务、满意 100”服务主题活动。

深化基础服务优势,以便捷为核心,包括“以指代步的电子渠道、全程全网的跨区服务、强大的渠道窗口服务、G3 业务的便捷体验和办理”等。

(三) 打造特约联盟商户特色服务,开展中高端客户差异化服务。

以 VIP 特享权益服务、特约联盟商户打造为核心,开展 VIP 客户特色延伸服务。

重点推广中高端客户的分层分级差异化触点关怀服务项目,实现电话经理价值服务。

(四) 深入推进流程穿越机制,实现以客户为导向的协同工作机制常态化运行

广泛深入开展流程穿越活动,督促管理人员充分了解一线服务现状,通过通报等方式定期将发现的问题和改进建议反馈给相关单位落实。

（五）深化机关作风建设

大力倡导服务之风，强化服务意识和责任意识，完善服务机制和服务流程，努力服务一线、服务基层。

大力倡导创新之风，创新发展思路，创新工作机制，创新服务方式，工作中敢于突破、敢负责任、敢于争取，努力建设创新型机关、争做创新型员工。

大力倡导务实之风，强化为民意识，建立责任机制，努力建设务实型机关、争做务实型员工。

大力倡导廉洁之风，遵纪守法，廉洁自律，努力建设廉洁型机关、争做廉洁型员工。

五、主要负责人

姓名：×××　联系电话：×××××××××

六、联络员

姓名：×××

联系电话：×××××××××

中国移动通信集团江西有限公司

××年×月×日

单元四　授权委托书

授权委托书

一、授权委托书的概念

授权委托书是指当事人为把代理权授予委托代理人而制作的一种法律文书。根据委托事由，授权委托书分为民事代理授权委托书和诉讼代理授权委托书；根据委托主体，可分为个人授权委托书和单位授权委托书。

二、授权委托书的内容

授权委托书的基本内容应当包括以下五个部分。

（一）委托人和受托人身份

授权委托书应当明确委托方和受托方的姓名、性别、出生日期、职业、现住址。如果委托人是法人的，则应写明法人的全称、地址、法定代表人姓名等情况。

（二）委托事项

在授权委托书中，应当明确具体的委托事项。在民事代理中，代理人受托的事项必须是具有法律意义的，能够产生一定法律后果的民事行为。

（三）委托的权限范围

在民事代理中，委托人授予代理人代理权的范围有以下三种情况：

（1）一次委托，即代理人只能就受托的某一项事务办理民事法律行为。

（2）特别委托，即代理人受托在一定时期内连续反复办理同一类性质的民事法律行为。特别授权委托书如果是公民之间的，应当办理公证，以确保委托行为的真实性、合法性。

(3) 总委托,即代理人受托在一定时期内办理有关某类事务或某一种标的物多种民事法律行为。

(四) 委托期限

授权委托书应当明确受托人履行职责的时间范围,如“受托人权限截止于××年××月××日”“××事务处理结束,受托人不再享有代理权限”等。

(五) 签字盖章

授权委托书制作完成后,委托任何受托人双方应当在委托书上签名盖章,签名应当手写,不得打印。

模版案例

授权委托书模板

1. 一般授权委托书

________单位:

本人因________________原因不能亲自到________办理________兹授权委托________先生/女士处理代办事项.委托人在权限范围内年签署的一切有关文件,我均承认。由此所造成的一切责任均由本人承担。

委托人(签名或盖章):　　　　　　受托人(签名):

委托人身份证号码:　　　　　　受托人身份证号:　　年　月　日

2. 诉讼代理人授权委托书

委托单位:________

法定代表人:________

受委托人:________

姓名:________,工作单位:________

职务:________,职　　称:________

姓名:________,工作单位:________

职务:________,职　　称:________

现委托上列受委托人在我单位与________因________纠纷一案中,作为我方诉讼代理人。

代理人________的代理权限为:________

代理人________的代理权限为:________

委托单位(盖章):________

法定代表人(签名):________

________年________月________日

签订地点:________

【案例】

东方公司:

兹委托张三同志(身份证号码:×××××××××)负责我公司产品的销售和结算工作,请将我公司货款转入以下开户行账号内,由此产生的一切经济责任和法律后果由我公司承担,与贵公司无关。

若有变动，我公司将以书面形式通知贵公司，如果我公司未及时通知贵公司，所造成的一切经济责任和法律后果由我公司承担！

特此申明！

授权期限：2012 年 1 月 1 日—2012 年 3 月 1 日

户名：

账号：

开户行：中国邮政储蓄城北支行

公司名称：西方公司

法人代表签字：（亲笔签/私章）

2012 年 1 月 1 日

单元五 可行性研究报告

一、可行性研究报告的概念

可行性研究报告是指国家机关、企事业单位从事某种经济活动之前，对拟上马项目所涉及的政治、经济、法律等各种因素进行具体调查、研究、分析，以确定其是否具有投资必要性、技术可行性、财务可行性、组织可行性、经济可行性、社会可行性和面临的风险等而制作的文件。

项目可行性研究报告是通过对拟投资项目的市场需求、资源供给、建设规模、工艺路线、设备选型、环境影响、资金筹措、盈利能力等的调查研究和分析比较以后做成的书面材料，其意义重大。

可行性研究报告，按其用途可分为审批性可研报告和决策性可研报告。具体包括：

（1）用于企业对外招商合作的可行性研究报告。

（2）用于国家发展和改革委员会立项的可行性研究报告。

此文件是根据《中华人民共和国行政许可法》和《国务院对确需保留的行政审批项目设定行政许可的决定》而编写，是大型基础设施项目立项的基础文件。

（3）用于银行贷款的可行性研究报告。

商业银行在贷款前进行风险评估时，需要项目方出具详细的可行性研究报告。

（4）用于申请进口设备免税的可行性研究报告。

主要是进口设备申请免税、申请办理中外合资企业等项目时需要提供的可行性研究报告。

（5）用于境外投资项目核准的可行性研究报告。

通常是企业在对国外投资、需要申请中国进出口银行境外投资重点项目信贷支持时，需要编写的可行性研究报告。

二、可行性研究报告的内容

可行性研究报告内容主要包括封面、摘要、目录、术语解释、前言、正文、结论、参考文献、附件等。在撰写可行性研究报告时并非要具备每一项要素，但通常应当具备前言、正文、结论、附件等内容。

在撰写可行性研究报告时，应当做到：

（一）调查研究须客观、科学

可行性研究报告的作者只有通过客观公正、科学的调查研究，才能收集到充分的基础信息，也才能按照客观实际情况进行论证评价、反映客观经济规律、得出项目是否可行的结论。

（二）报告须有深度

可行性研究报告的内容深度必须达到国家规定的标准，基本内容要完整，应避免闭门造车、粗制滥造、搞形式主义。

可行性研究报告可参考联合国工业发展组织于1978年发布的《工业可行性研究编制手册》、《联合国工业发展组织工业投资项目可行性研究报告提纲》、国家计委《关于建设项目进行可行性研究的试行管理办法》等文件。现分别列示如下：

工业可行性研究编制手册

第一章　实施纲要

一项可行性研究在对各种方案进行比较之后，应该对项目所有的基本问题作出明确的结论。为了叙述方便，把这些结论和建议归纳在"实施纲要"中，这个纲要应该包括可行性研究的所有关键性的问题。

第二章　项目的背景和历史

为保证可行性研究的成功，必须清楚地了解项目的设想如何适合于本国经济情况的基本结构及其全面的和工业的发展情况。对产品要详细地加以叙述，对发起人要连同他们对项目感兴趣的理由加以审定。

说明：

项目的发起人的姓名和地址

项目方向：面向市场或面向原料

市场方向：国内或出口

支持该项目的经济政策和工业政策

项目背景

第三章　市场和工厂生产能力

包括：需求和市场研究

销售和推销

生产规划

车间生产能力

第四章　材料投入物

本章论述制造特定产品所需的材料和投入物的选择和说明，并叙述供应规划的确定和材料成本的计算。

第五章　建厂地区和厂址

包括：建厂地区；

厂址和当地条件；

环境影响。

第六章　工程设计

包括：项目布置和自然范围；

工艺及设备；

土建工程。

第七章　工厂组织和管理费用

包括：工厂组织机构；

管理费用。

第八章　人工

当确定工厂生产能力和使用的工艺流程之后，必须规定出考虑中的项目所需的各管理级别的人员；生产和其他有关活动应在项目的不同阶段连同各级的培训需要进行估计。

第九章　项目建设

包括：工厂建设和设备安装的进度安排；

试车和投产安排。

第十章　财务和经济估价

包括：总投资支出；

项目资金筹措；

生产成本；

商务盈利率；

国民经济估价。

联合国工业发展组织工业投资项目可行性研究报告提纲

第一部分　项目实施要点

1. 项目背景和历史要点。主要说明该项目主办人的名称及通讯处、该项目主旨（是着眼于开发市场还是开发资源）、销售方向（是依靠内销还是出口）、能够支持该项目的国家经济和工业政策，以及其他背景。

2. 市场需求和工厂生产能力要点。列示市场需求量、预计销量、生产计划、生产能力等年度指标。

3. 原材料需求与投入要点。概述所需原料、辅料、用品及公用设施目前供应状况，然后列出本项目年均需要量。

4. 项目选址要点。说明项目选定的区位空间与具体地址。

5. 项目设计要点。概述项目的布局及范围、最终选定的工艺技术及各种设备，以及需要建设哪些土木工程。

6. 工厂结构与企业管理费用要点。

7. 劳力要点。概述所需劳力(包括生产工人和职员)的类别及相应人数。

8. 项目实施进度安排要点。指明工厂动工、安装、竣工、试运行各阶段期限。

9. 项目财务与经济评价要点。包括:

(1) 用本国货币和外币列出的主要投资费用数据,包括地皮购价、场地清理、土木工程、技术设备、投产前资本费用、周转资金。

(2) 项目设想的筹资结构,包括资金来源、筹资金额和偿债费用对项目建设的影响、政府有关筹资的政策规定、现有筹资机构等,以及相应财务报表。

(3) 列出正常达到生产能力时的生产成本数据,包括成本构成(分制造成本、经营成本、总成本三个层次)。

(4) 财务评价。包括动态、静态指标以及不确定性分析结论(盈亏点分析和敏感性分析)。

(5) 国民经济评价。从定性定量方面评价项目的国民经济可行性并作出结论。

10. 总结论。阐述项目的主要优缺点及实施机遇。

第二部分 项目背景与历史

1. 项目背景。叙述该项目系统构想、项目内容、有关政策、项目选址等。

2. 项目主办者与发起者。包括他们的名称、通讯处、财务能力、在项目中的地位及其它有关情况。

3. 项目历史(如果有的话)。包括项目的历史沿革、已经进行的研究与调查(说明题目、作者、完成日期、委托单位)以及其中的结论和决定。

4. 可行性研究说明。包括可行性研究报告的作者、题目、委托者,预备性研究各阶段及其调查费用(如土地勘测、产量估计、质量检测等)。

第三部分 市场需求与工厂生产能力

1. 市场需求与调研。包括:(略)

2. 产品和副产品的销售预测及营销策略。包括:(略)

3. 生产计划。包括:

(1) 数据与备选方案。叙述制定生产计划所需的数据及各种备选的生产计划方案。

(2) 选择生产计划。阐述选择该计划的理由及该计划的详细内容(包括每种主副产品的质量、规格、产量、生产时间表、各种排出物——废料、废水、废气、尘埃、烟雾、噪音等的数量、质量、时间、处理办法、处理费用等)。

4. 工厂生产能力。包括:

(1) 数据与可供选择的方案。叙述确定生产能力的各项数据以及各种备选的生产能力。

(2) 确定可行的正常生产能力。详述阐述所选的生产能力及选择理由。包括整个工厂的能力和主要车间的生产能力以及生产能力限额。

第四部分 所需原材料与投入

1. 原材料投入的特点。包括:

(1) 分类。说明项目所需的各类原料、材料、辅料等。

(2) 数据与备选方案。列出有关数据以及各种可选方案。

(3) 原材料和投入的选择。说明所选原材料和投入的类型、质量、数量来源、可得性、成本以及选择理由。

2. 供应计划。包括：

(1) 基本数据与备选方案。说明编制供应计划所依靠的基本数据、供应计划、各种可供选择的方案；

(2) 供应计划的选择。包括所选计划的详细内容、选择理由、每一投入物的数量、来源渠道、交付时间、储存情况等。

(3) 成本估算。估算各种原材料、投入物的年成本并列成表格。

第五部分　项目选址

1. 企业选址。包括：

(1) 数据与备选方案。说明有关基本数据以及企业对选址的要求，列出可选地点并加以说明，标在地图上。

(2) 企业选址。详细说明最合适的地点及选择理由。指出地点所在的国家、地理位置、地区及城镇。

2. 工厂选址。包括：

(1) 数据和备选方案。说明有关基本数据以及建设经营对厂址的要求，列出可供选择的厂址，并在地图上标出。

(2) 厂址选择。详细说明所选择的厂址(地点、地理和测量条件、地图、筑路权等等)情况以及选择理由。

(3) 费用估计。包括与选址有关的费用(如地皮、税收、法律咨询等)并列表。

3. 当地条件说明。对厂址的周围条件作出说明，包括气候、地势、运输设施、供水、供电、劳力、财税及法律、生活条件等。

4. 对环境的影响。说明由于工厂的建立和经营对人口(包括就业增加)、基础设施 (包括交通网及公用设施等的发展)、生态、自然景观等方面的预期影响。

第六部分　项目设计

1. 项目布局。包括：

(1) 数据与备选方案。说明制定项目布局所需的各种数据——生产计划、供应计划、技术设备、建筑工程、当地条件等，并提出各种选择方案。

(2) 选择项目布局。详细说明所选的项目布局方案，并用一定的图纸表示，说明选择的理由。

2. 业务范围。包括：

(1) 数据与备选方案。说明确定业务范围所需的数据，并提出可供选择的方案。

(2) 业务范围的选定。用实体平面图表明项目范围及说明选定理由。

3. 技术工艺。包括：

(1) 数据与备选方案。

(2) 技术选择。说明所选工艺技术的类型、来源、规格、流程以及选择理由。

(3) 成本估算。列表估算投资技术工艺费用和一次性技术转让费用。

(4) 生产过程中的技术成本。估算技术使用费及年支付费。

4. 设备。包括：

(1) 数据与备选方案。对设备进行分类、列出必要设备及可选方案。

(2) 设备的选择。说明最佳选择的设备数量、型号、规格、生产能力、来源以及选择理由。

(3) 购置费用估计。要分类预算。

5. 土建工程。包括：

(1) 数据与备选方案。

(2) 土建工程的选择。说明其数量、规格、类型及选择理由。

(3) 费用估计。列表估算土建工程的费用；

(4) 运营成本。计算土建工程的年均运行费用。

第七部分　企业组织与管理费用

1. 成本项目。包括：

(1) 数据与备选方案。

(2) 成本项目的选择。

2. 企业管理费用。包括：

(1) 数据与备选方案。

(2) 费用分项及管理费用选定。

第八部分　人力

1. 工人。包括：

(1) 数据和备选方案。说明计算劳动力需要量所依据的数据，编制各类人员配备表；

(2) 工人选择。选择最佳的人员配备方案并说明理由。

(3) 费用估计。根据额定的可行生产能力估计每年工人费用，并分生产工人和非生产工人列表。

2. 职员。包括：

(1) 数据和备选方案。说明计算职员投入量所依据的数据，并编职员配备表方案。

(2) 职员选择。选择最佳的职员配备方案并说明其理由。

(3) 费用估计。分本国职员和外国职员估计其年度费用，并列表。

第九部分　项目执行时间

1. 数据与活动。说明确定项目执行时间（从决定投资到大规模生产）所依据的数据，制定出执行计划及时间安排的可选方案。

2. 项目执行计划和时间安排的最佳选择。应说明并选择最佳执行计划和时间安排表，列“线条图”或“网络图”以说明项目执行的先后次序，并解释选择的理由。

3. 项目执行的成本估计。应对项目执行中涉及到的财务问题作出成本估计，并列表。内容包括：

(1) 项目执行中的各项开支，如管理人员报酬、租赁费、旅费、通讯费、税款。

(2) 详细设计、投标招标中的费用开支。

(3) 监督和协调施工、试运行、试产阶段的各项费用开支。

(4) 建立管理机构、招聘培训的各种开支。

(5) 物资供应、销售及领执照等方面开支的费用。

(6) 创办和股票发行中的各项开支。

第十部分　财务与经济评价

1. 估算总投资费用。

2. 项目筹资。说明筹资渠道及理由。

3. 估算生产总成本。

4. 财务评价。编制现金流量等财务报表,计算财务指标(包括静态和动态方面),并进行确定性分析。

5. 国民经济评价。根据一定办法(如UNIDO)进行成本一利得分析,估算成本和收益,计算有关参数和有关指标,最后作出国民经济的多方面评价。

【案例】

中美合营××市铝制品有限责任公司的可行性研究报告

第一章　概况

合营企业的名称:××市铝制品有限责任公司

合营企业的地址:××市高新技术开发区

中方(甲方)负责人:张三

美方(乙方)负责人:李四

介绍中美双方企业的基本情况,包括企业的地理环境、厂房设施、职工队伍、技术力量、生产能力及能源交通等。简要介绍双方从接触到签约的简单经过、中方企业的生产历史及寻求外资合营的目的。

第二章　合营目标

1. 合营的模式

2. 合营的规模

按照《中外合营企业法》,确认合营企业的总投资额和注册资本,双方各占投资总额的比例及投资的方式、投资时间等。

3. 市场预测

介绍合营企业产品的市场销售情况及双方的销售责任。

4. 产品销售方案

公司所生产产品一律外销。

第三章　合营方案

1. 公司权力机构

2. 公司执行机构

3. 公司监督机构

4. 公司员工

5. 薪金与报酬

第四章 材料、燃料及动力供应方案

1. 生产所耗原材料

铝矿全部来自国内××矿山。

2. 燃料及动力

生产所耗电能来自中国国家电网，原煤由山西××煤矿直接专线供应。

3. 周转材料

包装物由当地纸箱生产厂供应。

第五章 安全环保

根据我国环境保护法及有关安全规定、工业卫生标准的要求执行。

1. 污染物的处理
2. 环境美化
3. 劳动安全保护措施

第六章 经济可行性分析

1. 经济分析
2. 外汇流量表

第七章 资金来源及项目组成

中方资金全部为自有资金，不需国家投入。中方以厂房、土地使用权作价 1 500 万元人民币投资；美方以设备及生产流水线作价 1 000 万元人民币投资。

第八章 评语

本合营企业符合国家产业政策，属国家鼓励性投资项目。该项投资符合利用外资的方针、政策，在经济、技术、建设等方面具备可行性。

第九章 财务分析

1. 设计能力
2. 总投资费用及奖金筹措
3. 财务分析(附财务分析表)

合营双方一致同意由甲方做可行性研究报告。上报主管部门审批。

××年×月×日

附件：

1. 财务分析目录
2. 国内外市场预测
3. 投资估算表

教学检测

1. 什么是招商启事？现有一家水产品经营商场准备招商，请你写作一篇招商启事。

2. 什么是招商说明书？如何写作？请你就上述企业写作一篇招商说明书。

3. 什么是企业质量与服务承诺书？请你为某家用电器制造企业撰写一篇家用电器的售后服务承诺书。

4. 什么是授权书？如何写作？请你为李某个人撰写一篇授权张某代为签订货物买卖合同的授权委托书。

5. 什么是可行性研究报告？现有一家公司拟在甘肃兰州投资建设一大型化工厂，请你撰写一篇可行性研究报告。

学习情境四

管理文书

知识要点

◆ 掌握商务评估报告、验资报告、公司年度财务报告、中期业绩报告、出资证明书、企业销售人员考核及惩奖办法的概念、种类、内容和特点；

◆ 熟悉商务评估报告、验资报告、公司年度财务报告、中期业绩报告、出资证明书、企业销售人员考核及惩奖办法的写作要求。

核心概念

管理文书是商业管理工作中应用极为广泛的实用性写作文体。它对于掌握公司发展情况、实施管理制度，研究解决实际工作中的问题具有极其重要的作用。现代企业提倡把总结作为领导决策下一工作任务的必经程序，因此，应当掌握管理文书的实际写作能力。

单元一　商务评估报告

商务评估报告

一、商务评估报告的概念

首先来了解什么是商务？商务是广义的概念，是指一切与买卖商品服务相关的商业事务。我们日常生活中指的商务是指狭义的概念，即商业或贸易，商务活动。就是指企业为企业为实现生产经营目的而从事的各类有关资源、知识、信息交易等活动的总称。

评估指的是评价和估量，我们日常生活中经常用到的评估有商务评估、房地产评估、资产评估、股权评估等。

商务评估报告就是对商务活动做出评价和估量的文书。

二、商务评估报告的写作要求

(一) 专业性

商务评估报告是对商务活动做出的评估，要求有专业数据及统计数据支撑，比如某个时间段商务活动的进展情况要求统计的数据说明整体情况。

(二) 简洁性

商务评估报告是经济文书，要求写作简洁明了，能够精简表现出商务活动的整体状况。

(三) 时效性

报告内容是对近期内商务活动的整体描述，时间须是近期的。

(四) 真实性

商务评估报告提供的是发展的趋势，要求提供的数据支撑是真实可靠的。

三、商务评估报告的写作步骤

(1) 商务活动的进展情况介绍。

(2) 目标的实现情况。

(3) 存在的问题及原因。

(4) 提出建议。

【案例】

某市“十一五”商务发展规划中期评估报告

2007年以来，我们坚持以科学发展观为指导，紧紧围绕“建设世界旅游精品”目标和“三年有改观，五年大变样”建设纲要的要求，深入贯彻落实市“十一五”商务发展规划，突出重点，狠抓各项工作的全面开展，推动全市商务工作步入了快速发展轨道，为在2011年全面实现我市“十一五”商务发展规划目标奠定了坚实的基础。现根据近几年的实际发展情况对我市“十一五”商务发展规划进行中期评估。

一、主要目标及任务的进展情况

(一) 社会消费品零售总额:“十一五”发展目标为2011年达到65.2亿元人民币。2007年完成42.14亿元，2008年已达49.18亿元人民币，2009年1—6月共完成社会消费品零售总额25.48亿元，完成年计划的44%，与上年同期比较增长17.4%。按照17%的增幅，到2009年10月可达67.86亿元，超过“十一五”目标。到2011年可实现社会消费品零售总额79.4亿元。

(二) 市场体系建设:“十一五”发展目标为市城区改扩建市场13处，新增营业面积18万平方米，其中农产品批发大市场1个，营业面积8万平方米；改扩建农村集贸市场19个，新增营业面积2万平方米；建物流配送中心2处，总建筑面积5 000平方米。至2009年6月止，市城区已改扩建市场5处，新增营业面积8万平方米，其中农产品批发大市场正在筹建中；改扩建农村集贸市场6个，新增营业面积1万平方米；建物流配送中心2处，总建筑面积15 000平方米。

(三) 对外贸易:“十一五”发展目标为2007年至2011年累计进出口总额6 950万美元，其中累计出口总额5 750万美元，至2011年年出口商品1 800万美元。进展情况为:2007年至2009年6月，实际已累计完成进出口总额1 624万美元 (2007年、2008年、2009年1—6月分别为468万美元、744万美元 、412万美元)，其中累计出口总额1 593万美元(2007

年、2008 年、2009 年 1—6 月分别为 467 万美元、714 万美元 、412 万美元)。按照上述增幅,到 2011 年难以完成发展目标。

(四) 招商引资:"十一五"发展目标为,2007 年至 2011 年新批"三资"企业 80 家,累计实际利用外资 7 700 万美元。进展情况为:2007 年至 2009 年 6 月,累计已批"三资"企业 33 家,累计实际利用外资 4 663 万美元(2007 年、2008 年、2009 年 1—6 月分别为 1 233 万美元、1 908.26 万美元 、1 522 万美元),已完成"十一五"目标的 60.56%。预计到 2011 年可超额完成"十一五"发展目标。

(五) 对外经济技术合作:"十一五"发展目标为,外派劳务累计 500 人次,争取国际无偿援助项目 2 个,"走出去"到境外办企业 1 家。进展情况为,2007 年至 2009 年 6 月,外派劳务累计已达 538 人次(其中 2007 年、2008 年、2009 年 1—6 月分别为 203 人次、165 人次、170 人次),超额完成了"十一五"发展目标。但争取国际无偿援助项目和到境外办企业还没实现,需要进一步努力。

二、主要工作情况

(一) 商贸流通休闲服务基础设施建设得到了较快发展。几年来,大庸府城、文昌阁商贸城、唱享天下、金御兰湾、华天酒店、武龙酒店、梅尼百货等商贸流通休闲服务场所先后竣工开业,特别是华天酒店的开业,肯德基、火宫殿等外地知名企业入驻,促进了我市特色餐饮业的发展。现在,不仅本土流通企业得到了较快发展,如梅尼商贸有限公司、芙蓉实业有限公司、广和购物中心、弘力商业广场、家家红商贸有限公司、紫霞商业广场等,已经成为我市实力较强的流通主体,而且市外知名流通企业也进驻我市并得到了较快发展,如步步高、新一佳超市等;随着我市流通基础设施的进一步完善,外商纷纷看好,我市一些有实力的商家已经成为国内农资、建材、副食品等知名品牌商品的一级代理商,90%的国内知名品牌在我市设立了总经销,辐射到湘西、鄂西、渝东和黔东北地区,我市逐步成为了湘鄂渝黔边区的商贸中心和物流中心。

(二) 市场调控机制逐步完善,市场监测和行业监管得到加强。一是在完善市场运行监测系统的基础上,开展了市场运行情况网上直报,为有效实施市场运行监测与调控奠定了基础;二是加强了生猪定点屠宰管理。在整顿生猪定点屠宰场所和队伍的基础上,加强了稽查执法,规范了肉品市场供应秩序。三是加强了酒类市场管理。在全市范围内大张旗鼓地宣传贯彻了国家商务部《酒类流通管理办法》和《湖南省酒类管理条例》,对酒类批发企业,零售商户进行了调查摸底和备案登记,并严格行政许可,把住了酒类批发市场准入关,开展了酒类市场执法检查,对销售假酒的企业追根塑源进行了查处,确保酒类消费安全;四是加强了成品油市场监管。按照《行政许可法》和《成品油市场管理办法》,严格成品油零售企业初审程序;同时,我们还编制了《市成品油仓储设施行业发展规划(2010—2020)》,提请市人民政府出台了《关于进一步加强成品油市场管理的通知》和《市成品油供应中断应急预案》;五是加强了典当、拍卖、废旧汽车拆解市场等特种行业的市场监管。六是开展了"百城万店无假货活动"。确定了全市第一批"百城万店无假货活动"的示范店 10 个,示范街 1 条、示范市场 1 家,报省批准省级授牌的"百城万店无假货活动"示范店 2 家、示范街 1 条,保留原批的省级示范店 1 个、示范街 1 条。

(三) 以实施"万村千乡"工程为契机,加强了市场体系建设。经过积极申报争取,全市

3个区县(永定、慈利、桑植)都被列入了“万村千乡”工程试点县区,4家企业(金地农资有限公司、天成量贩、慈利县芙蓉实业有限公司、桑植县家家红商贸有限公司)为试点企业。两年多来,我们以质量、效益为首选条件,大力加强了农家店建设,促进了农村消费环境的改善。到2008年6月,全市共计兴办农家店484家。在农家店建设中,各区县都严格按照商务部《农家店建设与改造规范》《农资农家店建设与改造规范》执行。所有连锁、加盟方式的农家店的门店形象、广告宣传、货柜货架、商品陈列等都达到了统一标准要求;其次,完成了《市城区商业网点规划》的修改、补充,已经报请市政府批准实施。依照《市城区商业网点规划》,推动武陵源区和慈利、桑植两县着手编制本地中心商业区规划;再次,完成了市农产品批发市场的规划和选址工作,并已经报请市政府常务会议批准了建设方案,正在加紧着手实施。

(四)努力实施“走出去”战略,不断加强外经外贸工作。近两年,我市的外经外贸工作有了新的起色,美达制衣有限公司、硕鸿鞋业有限公司、贸源化工有限公司均具有较好的发展潜力。甘薯生产基地、葛根生产基地、五蓓子生产基地和山野菜生产基地等农产品生产开发基地得到了较快发展。我们组织企业参加了国家商务部举办的各种贸易博览会,拓展了外贸市场。我市佳乐机械制造公司与越南、缅甸、文莱等国的采购商达成了商品供销协议,外贸势头很好。

(五)扩大对外开放,广泛招商引资,推动我市经济发展。我们先后组织了旅游商品博览会、流通业发展对外招商项目推介会等活动,先后组团参加了深洽会、湘洽会、港洽周、珠洽会、中博会、南博会、厦博会、湘商大会、沪洽周等活动。在历次活动中,我们采取多种方式,开展招商引资,取得了显著成效。利用外资的规模由年21.7万美元增长到1 908万美元。2008年上半年实际利用外资1 500万美元,创历史最高水平。黄石寨索道、天子山索道、天门山索道、百龙电梯、黄龙洞、宝峰湖、龙王洞等旅游基础设施都是通过招商引资开发建设起来的,有力地提升了旅游景点和城市品位。今年,我们以引进战略投资者为重点开展招商引资工作,积极组织参加招商引资活动。在国际森保节期间,组织6家企业举行了投资洽谈会;4月26日,组团参加了在武汉举行的第三届中部博览会;6月16—21日,组团参加了在上海举行的湖南(上海)投资洽谈活动周。我市有3个项目在省情推介暨重点合作项目签约仪式上成功签约,合同利用外资0.71亿美元,合同利用内资6亿元人民币。6月19日,以“绝美,新兴旅游城”为主题,我市在上海国际会议中心举行了湖南(上海)投资说明会,共发布招商项目138个,有16个项目成功签约。加上省级签约项目,投资总额达到124.81亿元,其中省外境内资金签约项目15个,投资总额102.91亿元;外资签约项目4个,投资金额3.13亿美元。同时,按市政府的要求,积极配合有关部门狠抓了投资环境的调查和整治,组织召开了全市外来投资商座谈会,开展了外资企业跟踪调查,为优化和改善投资环境做了大量工作。

(六)积极做好宏观调控,切实保障市场供应。在今年年初的冰雪灾害期间,全市商务系统干部职工奋起抗灾,加强调度,适时掌握各类市场信息,积极搞好与各部门的协调配合。争取省商务厅、财政厅下拨各类救灾资金,及时调运生活必需品24 000多吨,保障了城市节日市场供应。同时,还在全市商务系统开展了灾后重建和生产恢复工作。在成品油供应紧张时期,组织协调中石油和中石化两家国有企业多方争取资源,为成品油供应企业搞好服务，积极争取公安交警和工商物价等部门的大力配合，采取行之有效的措施，维护加油站正常的经营秩序，基本上保障了成品油市场供应。

（七）积极做好国企改革，确保社会稳定。我局已经先后完成了市物资总公司和市糖酒副食品公司的企业改制，在市政府及有关部门的大力支持下，处理好了原市糖酒副食品公司职工的群体上访。目前正对市五交化公司改制扫尾方案进行修改完善，为市五交化公司的改制扫尾处理遗留问题做好了充分准备。

三、存在的问题及原因

（一）利用外资增长缓慢。主要原因：一是在引进战略投资者上没有突破，项目小，投资规模小；二是发展严重不平衡，今年上半年慈利桑植两县利用外资为零；三是工业招商没有进展；四是项目谈得多、签约多，开工建设少、资金到位少；五是招商引资的基础工作很不扎实。六是流通产业结构性调整滞后，发展后劲严重不足；七是投资环境和流通业发展环境欠优。

（二）今年社会消费品零售总额增幅较低。主要原因：一是旅游因灾重创，加之其他方面的原因，导致游客减少，这是严重影响社会消费品零售总额增幅不大的重要原因；二是城镇居民购买力下降。由于银根紧缩，物价上涨，导致城镇居民购买力下降。据统计，2008 年 1—6 月，城镇居民可支配收入 5 509 元，比去年同期的 5 478 元仅增长 0.56%，而物价指数却上涨 10.4%，实际收入减少 9.84%；人均消费性支出 3 880 元，虽比上年增长 15.68%，但减除物价上涨幅度，仅增长 5.28%。三是由于市城区修路影响，导致部分统计样本企业经营额不正常，因而统计数据也可能存在一定偏差。

（三）外贸出口工作亟待进一步加强。一是外贸企业后劲不足，加工贸易发展有待加强；二是外贸人才缺乏，市场开拓和自行报关等方面还存在不足；三是我市与外贸出口相关的通关、商检等工作暂时跟不上，在一定程度上对外贸出口有一些影响。

四、对策及建议

（一）进一步抓好外经外贸工作，确保外贸进出口总额和外派劳务任务的完成。一是以市区县工业园为主阵地，积极承接东部沿海产业转移，引导发展加工贸易；二是组织外贸企业参加境外展销活动，努力拓展国际市场；三是加强业务培训，努力实现间接出口向直接出口的转变；四是积极努力争取我市通关、商检等工作早日正常开展。

（二）采取行之有效的措施，切实抓好招商引资工作。一是增强紧迫感，树立抢商抢资意识，充分利用“湘商大会”“珠洽会”和我市 20 周年庆典等活动，重点推介我市的“澧水风光带”等重大招商项目；二是与市台办、市经济开发区一道，加强与上海台协、昆山台协的联系，促进台商来考察，开展项目对接；三是抓好“沪洽周”已签约项目的跟踪服务，搞好项目审批落地，促进外资到位和项目开工，对签订的“协议”项目，抓好后续跟进；四是建议建立重大项目领导责任制，全市的重大项目由市级领导抓，区县的项目由区县级领导抓，并做到一个项目有一个领导抓，要保证项目落地开工；五是加强项目调度，促进资金到位，尽最大努力，保证全年利用外资任务的超额完成。

（三）扩大内需，促进消费，努力完成社会消费品零售总额任务。一是继续抓好流通基础设施建设和“万村千乡”市场建设工程实施，进一步改善城乡流通环境；二是大力开展活动促销。抓住奥运会、旅游节、建市 20 周年庆典时机，大力开展促销活动，促进消费；三是进一步加大投资，拉动基本建设消费。

单元二 验资报告

一、验资报告的概念

验资报告是会计师事务所或审计事务所及其他具有验资资格的机构出具的证明资金真实性的文件。依照我国《公司法》规定，公司的注册资本必须经法定的验资机构出具验资报告，表明公司注册资本数额的合法证明就是验资机构出具的验证报告。依照国家有关法律、行政法规的规定，法定验资机构是会计师事务所和审计师事务所。验资后，验资机构应出具验资报告，连同验资证明材料及其他附件，一并交与委托人，作为申请注册资本的依据。

二、验资报告的种类

验资报告可分为内资投资企业报告和外资投资企业报告以及其他验资报告。

内资投资企业报告分为开业验资报告和变更验资报告。开业验资报告可分为普通开业验资报告，公司（企业）开业分期验资报告，以及个体工商户开业验资报告。变更验资报告可分为公司（企业）合并验资报告，公司（企业）分立验资报告，公司（企业）增资分期缴付验资报告，公司（企业）减资验资报告，公司（企业）二期缴付验资报告，公司（企业）二期缴足验资报告，以及普通验资报告。

外资投资企业报告分为普通开业验资报告、增资验资报告、合并验资报告、减资验资报告以及分立验资报告。

其他验资报告有社会团体验资报告、事业单位验资报告、改制验资报告、律师事务所验资报告等。

三、验资报告需提供的验资资料

(1) 被审验单位的设立申请报告及审批机关的批准文件；

(2) 被审验单位出资者签署的与出资有关的协议、合同和企业章程；

(3) 出资者的企业法人营业执照或自然人身份证明；

(4) 被审验单位法定代表人的任职文件和身份证明；

(5) 全体出资者指定代表或委托代理人的证明和委托文件、代表或代理人的身份证明；

(6) 经企业登记机关核准的《企业名称预先核准通知书》；

(7) 被审验单位住所和经营场所使用证明；

(8) 银行出具的收款凭证、对账单（或具有同等证明效力的文件）及银行询证函回函；

(9) 拟设立企业关于依法建立会计账簿等事项的书面声明；

(10) 被审验单位确认的货币出资清单、实物出资清单、无形资产出资清单、与净资产出资相关的资产和负债清单、注册资本实收情况明细表；

(11) 国家相关法规规定的其他资料。

如果以实物、无形资产投资，还应提供以下资料：

(1) 实物移交与验收证明、作价依据、权属证明和实物存放地点的证明；

(2) 专利证书、专利登记簿、商标注册证、土地使用权证、房地产证、土地红线图及有关允许出资的批准文件；

(3) 政府有关部门对高新技术成果的审查认定文件；

(4) 与无形资产出资有关的转让合同、交接证明及作价依据；

(5) 实物资产、无形资产等的评估报告及出资各方对资产价值的确认文件；

(6) 出资者对其出资资产的权属及未设定担保等事项的书面声明；

(7) 拟设立企业及其出资者签署的在规定期限内办妥有关财产权转移手续等事项的承诺函。

执行外商投资企业设立验资业务，还应当提供下列资料：

(1) 审批机关核发的批准证书；

(2) 企业登记机关核发的企业法人营业执照；

(3) 外汇管理部门核发的外汇登记证、资本金账户开户证明；

(4) 外方出资者用其从中国境内举办的其他外商投资企业获得的人民币利润出资的，有关该外商投资企业已审计会计报表和审计报告、董事会有关利润分配的决议、利润获取地外汇管理部门的批准文件以及主管税务机关出具的完税证明；

(5) 以进口实物出资的，各地出入境检验检疫局或经国家质量监督检验检疫总局和财政部授予资格的其他价值鉴定机构出具的外商投资财产价值鉴定证书；

(6) 相关会计处理资料。

执行股份有限公司设立验资业务，还应当提供下列资料：

(1) 国务院授权的部门或省级人民政府批准被审验单位设立的文件；

(2) 以国有资产出资的，政府有关部门对被审验单位股权设置方案的批复。

执行新设合并企业验资业务，还应当提供下列资料：

(1) 合并各方股东会或股东大会关于新设合并的决议；

(2) 合并各方签订的合并协议；

(3) 政府有关部门批准企业合并的文件；

(4) 有关合并的公告；

(5) 合并各方的债务清偿报告或债务担保证明；

(6) 合并各方的企业法人营业执照；

(7) 合并各方的资产评估报告及合并各方对合并资产价值的确认文件；

(8) 合并前各方和合并后被审验单位的资产负债表及财产清单；

(9) 相关会计处理资料。

变更验资应提供以下资料：

(1) 被审验单位法定代表人签署的变更登记申请书；

(2) 董事会、股东会或股东大会作出的变更注册资本的决议；

(3) 全体出资者指定代表或委托代理人的证明和委托文件、代表或代理人的身份证明；

(4) 政府有关部门对被审验单位注册资本变更等事宜的批准文件；

(5) 经批准的注册资本增加或减少前后的协议、合同、章程;

(6) 注册资本变更前的营业执照;

(7) 外商投资企业注册资本变更后的批准证书;

(8) 以往的验资报告及相关资料;

(9) 注册资本增加或减少前最近一期的会计报表;

(10) 被审验单位提供的有关以前各期出资已到位、出资者未抽回出资的书面声明;

(11) 以货币、实物、知识产权、非专利技术、土地使用权等出资增加注册资本的相关资料;

(12) 与合并、分立有关的协议、方案、资产负债表、财产清单;

(13) 与减资有关的公告、债务清偿报告或债务担保证明;

(14) 与合并或分立有关的公告、债务清偿报告或债务担保证明;

(15) 出资者以其债权转增资本的有关协议;

(16) 有关股权转让的协议、决议、批准文件,证明股权转让的律师意见书或公证书等法定文件及办理股款交割的凭证。

(17) 相关会计处理资料;

(18) 被审验单位确认的注册资本变更情况明细表;

(19) 国家相关法规规定的其他资料。

四、验资报告的写作要点

(一) 标题

标题应当统一规范为"验资报告"。

(二) 收件人

验资报告的收件人是指注册会计师按照业务约定书的要求送达验资报告的对象,一般是指验资业务的委托人。验资报告应当载明收件人的全称。

(三) 范围段

验资报告的范围段应当说明审验范围、出资者和被审验单位的责任、注册会计师的责任、审验依据和已实施的主要审验程序等。

(四) 意见段

验资报告的意见段应当说明已审验的被审验单位注册资本的实收情况或注册资本及实收资本的变更情况。对于变更验资,注册会计师仅对本次注册资本及实收资本的变更情况发表审验意见。

(五) 说明段

验资报告的说明段应当说明验资报告的用途、使用责任及注册会计师认为应当说明的其他重要事项。对于变更验资,注册会计师还应当在验资报告说明段中说明对以前注册资本实收情况审验的会计师事务所名称及其审验情况,并说明变更后的累计注册资本实收金额。

如果在注册资本及实收资本的确认方面与被审验单位存在异议，且无法协商一致，注册会计师应当在验资报告说明段中清晰地反映有关事项及其差异和理由。

（六）附件

验资报告的附件应当包括已审验的注册资本实收情况明细表或注册资本、实收资本变更情况明细表和验资事项说明等。

（七）注册会计师的签名和盖章

验资报告应当由注册会计师签名并盖章。

（八）会计师事务所的名称、地址及盖章

验资报告应当载明会计师事务所的名称和地址，并加盖会计师事务所公章。

（九）报告日期

验资报告日期是指注册会计师完成审验工作的日期。

五、注意事项

在公司注册开始和增资过程中，尤其在银行询征和银行打入资金过程中，需要注意下列问题：

(1) 资金的金额：金额必须正确，不能低于应出资额。

(2) 资金的来源：必须来自投资者本人，不可由其他人代付。

(3) 资金的用途：必须是“投资款”，不可以是“业务款”“借款”等事由。

(4) 资金的比例：必须按照约定的投资比例。

注册会计师在审验过程中，遇有下列情形之一时，应当拒绝出具验资报告并解除业务约定：

(1) 被审验单位或出资者不提供真实、合法、完整的验资资料的；

(2) 被审验单位或出资者对注册会计师应当实施的审验程序不予合作，甚至阻挠审验的；

(3) 被审验单位或出资者坚持要求注册会计师作不实证明的。

验资报告具有法定证明效力，供被审验单位申请设立登记或变更登记及据以向出资者签发出资证明时使用。验资报告不应被视为对被审验单位验资报告日后资本保全、偿债能力和持续经营能力等的保证。委托人、被审验单位及其他第三方因使用验资报告不当所造成的后果，与注册会计师及其所在的会计师事务所无关。

【案例】

××有限责任公司（筹）

我们接受委托，审验了贵公司（筹）截至××年×月×日止申请设立登记的注册资本首次实收情况。按照法律法规以及协议、章程的要求出资，提供真实、合法、完整的验资资料，保护资产的安全、完整是全体股东及贵公司（筹）的责任。我们的责任是对贵公司（筹）注册资本的首次实收情况发表审验意见。我们的审验是依据《中国注册会计师审计准则第1602号——验资》进行的。在审验过程中，我们结合贵公司（筹）的实际情况，实施了检查等必要的审验程序。

根据协议、章程的规定，贵公司(筹)申请登记的注册资本为人民币××元，由全体股东分××期于××年×月×日之前缴足。本次出资为首次出资，出资额为人民币××元，应由××和××于××年×月×日之前缴纳。经我们审验，截至××年×月×日止，贵公司(筹)已收到××和××首次缴纳的注册资本(实收资本)合计人民币×× 元(大写)。各股东以货币出资××元，实物出资××元。

[如果存在需要说明的重大事项增加说明段]

……

本验资报告供贵公司(筹)申请设立登记及据以向全体股东签发出资证明时使用，不应被视为是对贵公司(筹)验资报告日后资本保全、偿债能力和持续经营能力等的保证。因使用不当造成的后果，与执行本验资业务的注册会计师及本会计师事务所无关。

附件：

1. 本期注册资本实收情况明细表
2. 验资事项说明

××会计师事务所 中国注册会计师：××

(盖章) (签名并盖章)

中国××市××年×月×日

单元三　公司年度财务报告

一、财务报告的概念

财务报告是指企业对外提供的反映企业某一特定日期的财务状况和某一会计期间的经营成果，现金流量等会计信息的文件。财务报告是企业财务会计确认与计量的最终结果体现。随着我国经济体制的完善，财务报告的作用日益突出。财务报告使用者通过财务报告来了解企业当前的财务状况、经营成果和现金流量等情况，从而预测未来的发展趋势。

二、财务报告的内容

财务报告应当包括财务报表和其他应当在财务报告中披露的相关信息和资料。财务报表是对企业财务状况、经营成果和现金流量的结构型表述，至少应当包括资产负债表、利润表、现金流量表和附注，小企业编制的报表可以不包括现金流量表，全面执行企业会计准则体系的企业所编制的财务报表，还应当包括所有者权益(股东权益)变动表。

附注是对资产负债表、利润表、现金流量表和所有者权益变动表等报表中列示项目的文字描述或明细资料，以及对未能在报表中列示项目的说明等。其内容主要包括：企业的基本情况，财务报表的编制基础，遵循企业会计准则的说明，重要会计政策和会计估计，会计政策和会计估计变更以及差错更正的说明，重要报表项目的说明，以及其他需要说明的重要事项等。

三、财务报告的作用

财务报告的作用主要表现在以下五个方面：

(1) 为企业投资者、债权人进行投资决策和信贷决策提供财务会计信息。

(2) 是考核企业管理者受托责任履行情况的重要依据。

(3) 为企业加强和改善内部经营管理提供财务会计信息。

(4) 为政府经济管理部门进行宏观调控和管理提供财务会计信息。

(5) 为财政、税务部门征收税款提供财务会计信息。

四、编制财务报告的基本要求

(一) 遵循各项会计准则

在编制财务报告时，应遵循各项会计准则的规定，确认和计量实际发生的交易和事项，在此基础上编制财务报告，企业应当在财务报告的附注中对是否遵循会计准则做出声明。

(二) 以持续经营为编制基础

在编制财务报告的过程中，应当由确切数字表明企业具有持续经营的能力，若有可能事项表明企业管理层对企业的持续经营能力产生怀疑的，应当在附注中披露导致对持续经营能力产生重大怀疑的重要的不确定因素。

(三) 遵循重要性原则

性质或功能不同且具有重要性的项目，应当在财务报表中单独列报，性质或功能类似的项目，一般可以合并列报。

(四) 遵循可比性原则

同一期间不同企业和同一企业不同期间的财务报表相互可比。

(五) 财务报表项目金额间不可抵销

财务报表项目应当以总额列报，资产和负债、收入和费用不能相互抵销，即不得以净额列报，但企业会计准则另有规定的除外。

(六) 比较信息的编制

企业在列报当期财务报表时，至少应当提供所有列报项目上一可比会计期间的比较数据。

(七) 财务报表表首的编制要求

财务报表一般包括表首、正表两部分。表首部分应当概括地说明以下信息：

(1) 编报企业的名称；

(2) 资产负债表需披露资产负债表日，对利润表、现金流量表和所有者权益变动表来说，需披露报表涵盖的会计区间。

【案例】

资产负债表

编制单位:××股份有限公司　　编制时间:××年×月×日　　单位:元

资产	2010 年 12 月	负债和所有者权益	2010 年 12 月
流动资产:		流动负债:	
货币资金	3 341 742 647.4	短期借款	2 697 833 904.9
交易性金融资产	—	交易性金融负债	—
应收票据	22 500 000	应付票据	175 400 000
应收账款	257 222 847.09	应付账款	3704 272 507.3
预付款项	1 239 509 229.2	预收款项	1 923 396 559.3
其他应收款	112 983 445.95	应付职工薪酬	871 916 067.78
应收关联公司款	—	应交税费	−114 443 393.87
应收利息	—	应付利息	1 583 297.5
应收股利	—	应付股利	9 440 770.42
存货	2 583 654 422.6	其他应付款	880 832 291.2
其中:消耗性生物资产	—	应付关联公司款	—
一年内到期的非流动资产	—	一年内到期的非流动负债	48 267 979.23
其他流动资产	—	其他流动负债	—
流动资产合计	7 557 612 592.3	流动负债合计	10 198 499 984
可供出售金融资产	17 735 872	长期借款	59 729 000
持有至到期投资	—	应付债券	—
长期应收款	—	长期应付款	5 401 474.11
长期股权投资	605 602 432.83	专项应付款	69 971 733.02
投资性房地产	—	预计负债	—
固定资产	5 590 570 496.6	递延所得税负债	2 520 580.8
在建工程	666 373 112.55	其他非流动负债	514 166 043.55
工程物资	54 211 543.96	非流动负债合计	651 788 831.48
固定资产清理	—	负债合计	10 850 288 815
生产性生物资产	136 219 033.34	实收资本(或股本)	799 322 750
油气资产	—	资本公积	2 653 626 149.5
无形资产	461 106 169.78	盈余公积	406 917 510.69
开发支出	—	减:库存股	—
商誉	—	未分配利润	358 683 158.29
长期待摊费用	4 753 261.12	少数股东权益	293 516 106.65
递延所得税资产	268 139 572.09	外币报表折算价差	−30 403.85
其他非流动资产	—	非正常经营项目收益调整	—
非流动资产合计	7 804 711 494.3	归属母公司所有者权益(或股东权益)	4 218 519 164.6
资产总计	15 362 324 087	所有者权益合计	4 512 035 271.3
		负债和所有者合计	15 362 324 087

利润表

编制单位：××股份有限公司　　编制时间：××年×月×日　　单位：元

报表日期	期末数	期初数
一、营业总收入	29 665 000 000	24 323 500 000
营业收入	29 665 000 000	24 323 500 000
利息收入	0	0
已赚保费	0	0
手续费及佣金收入	0	0
房地产销售收入	0	0
其他业务收入	0	0
二、营业总成本	29 071 100 000	23 673 300 000
营业成本	20 686 300 000	15 778 100 000
利息支出	0	0
手续费及佣金支出	0	0
房地产销售成本	0	0
研发费用	0	0
退保金	0	0
赔付支出净额	0	0
提取保险合同准备金净额	0	0
保单红利支出	0	0
分保费用	0	0
其他业务成本	0	0
营业税金及附加	87 784 900	108 833 000
销售费用	6 807 070 000	6 496 090 000
管理费用	1 520 810 000	1 190 960 000
财务费用	－20 707 600	22 402 700
资产减值损失	－10 195 700	76 895 300
公允价值变动收益	0	0
投资收益	11 767 500	15 125 100
其中：对联营企业和合营企业的投资收益	5 585 610	14 262 100
汇兑收益	0	0
期货损益	0	0
托管收益	0	0
补贴收入	0	0
其他业务利润	0	0
三、营业利润	605 688 000	665 414 000
营业外收入	302 361 000	209 233 000
营业外支出	54 425 800	62 769 500

（续表）

报表日期	期末数	期初数
非流动资产处置损失	21 829 400	15 641 700
利润总额	853 624 000	811 877 000
所得税费用	57 860 800	146 609 000
未确认投资损失	0	0
四、净利润	795 763 000	665 268 000
归属于母公司所有者的净利润	777 197 000	647 660 000
少数股东损益	18 566 100	17 608 600
五、每股收益		
基本每股收益	1	1
稀释每股收益	1	1
六、其他综合收益	3 698 550	6 038 700
七、综合收益总额	799 461 000	671 307 000
归属于母公司所有者的综合收益总额	780 895 000	653 700 000
归属于少数股东的综合收益总额	18 566 100	17 608 600

现金流量表

编制单位：××股份有限公司　　编制时间：××年×月×日　　单位：元

报表日期	期末数	期初数
一、经营活动产生的现金流量		
销售商品、提供劳务收到的现金	28 829 302 331	35 048 997 982
收到的税费返还	17 342 793	—
收到其他与经营活动有关的现金	393 277 317	602 816 119
经营活动现金流入小计	29 239 922 442	35 651 814 101
购买商品、接受劳务支付的现金	24 057 019 934	30 153 938 961
支付给职工以及为职工支付的现金	1 430 490 022	2 208 691 891
支付的各项税费	1 412 665 157	1 405 980 102
支付其他与经营活动有关的现金	310 920 820	408 629 290
经营活动现金流出小计	27 211 095 932	34 177 240 244
经营活动产生的现金流量净额	2 028 826 510	1 474 573 857
二、投资活动产生的现金流量		
收回投资收到的现金	17 265 221	—
取得投资收益收到的现金	1 244 844	18 973 682
处置固定资产、无形资产和其他长期资产收回的现金净额	7 605 762	15 247 648
处置子公司及其他营业单位收到的现金净额	—	—
收到其他与投资活动有关的现金	—	—

（续表）

报表日期	期末数	期初数
投资活动现金流入小计	26 115 828	34 221 331
购建固定资产、无形资产和其他长期资产支付的现金	571 454 054	1 987 341 332
投资支付的现金	92 503 236	226 007 700
取得子公司及其他营业单位支付的现金净额	—	—
支付其他与投资活动有关的现金	77 580 290	2 015 435
投资活动现金流出小计	741 537 580	2 215 364 466
投资活动产生的现金流量净额	−715 421 753	−2 181 143 136
三、筹资活动产生的现金流量		
吸收投资收到的现金	14 230 000	16 800 000
取得借款收到的现金	2 619 803 828	2 637 833 905
收到其他与筹资活动有关的现金	—	—
筹资活动现金流入小计	2 634 033 828	2 654 633 905
偿还债务支付的现金	2 663 000 000	2 674 879 780
分配股利、利润或偿付利息支付的现金	69 173 051	66 542 937
支付其他与筹资活动有关的现金	—	—
筹资活动现金流出小计	2 732 173 051	2 741 422 717
筹资活动产生的现金流量净额	−98 139 223	−86 788 812
四、汇率变动对现金的影响	−1 375	−28 519
(2) 其他原因对现金的影响	—	—
五、现金及现金等价物净增加额	1 215 264 159	−793 386 609
期初现金及现金等价物余额	2 759 637 394	3 974 901 553
期末现金及现金等价物余额	3 974 901 553	3 181 514 944
附注：		
1. 将净利润调节为经营活动现金流量		
净利润	665 268 328	795 762 735
加：资产减值准备	76 895 264	−10 195 677
固定资产折旧、油气资产折耗、生产性生物资产折旧	480 526 553	591 927 190
无形资产摊销	9 500 441	15 036 129
长期待摊费用摊销	1 493 339	3 025 200
处置固定资产、无形资产和其他长期资产的损失	10 605 010	15 302 979
固定资产报废损失	—	—
公允价值变动损失	—	—
财务费用	58 929 509	54 705 910
投资损失	−15 125 116	−11 767 495
递延所得税资产减少	56 891 582	−38 960 178
递延所得税负债增加	−1 183 962	—

情境四

（续表）

报表日期	期末数	期初数
存货的减少	129 330 171	−539 449 578
经营性应收项目的减少	−243 536 703	−737 739 135
经营性应付项目的增加	799 232 094	1 336 925 778
其他	—	—
经营活动产生的现金流量净额 2	2 028 826 510	1 474 573 857
2. 不涉及现金收支的重大投资和筹资活动		
债务转为资本	—	—
一年内到期的可转换公司债券	—	—
融资租入固定资产	—	—
3. 现金及现金等价物净变动情况		
现金的期末余额	3 974 901 553	3 181 514 944
减:现金的期初余额	2 759 637 394	3 974 901 553
加:现金等价物的期末余额	—	—
减:现金等价物的期初余额	—	—
加:其他原因对现金的影响额	—	—
现金及现金等价物净增加额	1 215 264 159	−793 386 609

单元四　中期业绩报告

一、中期业绩报告的概念

中期业绩报告是指以本期主要财务指标为基础来反映企业在这一段时间内的经营及管理状况的文书，反映的主要内容有本期的经营状况、战略规划（业务发展规划、信息技术发展规划、战略合作发展规划等）、对未来的展望等。财务指标可以根据企业性质自行披露，如银行企业资产总额（客户贷款和垫款净额）、负债总额（客户存款）、本行股东权益、资本充足率、不良贷款率、利息净收入、手续费及佣金收入、税前利润、净利润、每股收益、年化平均资本回报率，以及年化平均股东权益回报率。

二、中期业绩报告的特点

（一）以财务指标为反映的基础

（二）反映的信息为有限的准确性、公正性和完整性

企业通常会有一个免责声明，表明业绩报告未经独立验证，或在相关财务信息后面注明“未经审核”字样，以及对资料中表述或包含的任何信息不论以何种方式引起的任何损失，公

司及其任何联属公司、顾问或代表将不承担任何责任等免责信息。

(三) 反映的是企业的整体经营管理状况

【案例】

××股份有限公司××年度中期业绩报告书

××股份有限公司××年度中期业绩报告书重要提示本公司董事会愿就本报告所载资料的真实性、准确性和完整性负共同及个别责任，并确信未遗漏重大事项，致使本报告含有误导成分。本报告内容由本公司董事会负责解释。

一、财务报告

(一) 简化的财务报告(未经会计师事务所审阅)

1. 资产负债表项目

××年6月30日流动资产87 970 432 857.43万元，长期投资6 385,846 144.50万元，固定资产净值17 391 396 247.18万元，在建工程9 092 357 271.20万元，无形资产及其他资产5 524 336 159.90万元，资产合计763 643 268 680.21万元。短期负债21 421 798 870.05万元，长期负债2 681 613 087.48万元，股东权益52 260 948 722.68万元。

2. 利润表项目

××年1—6月主营业务收入38 404 514 061.68万元，主营业务利润13 735 951 062.73万元，其他业务利润61 940.02万元，利润总额15 278 786 970.55万元，应交所得税2 291 821 045.58万元，税后利润12 986 965 924.97万元，少数股东权益10 628 776万元。

3. 财务指标

截止××年6月30日每股收益1.150 68元，净资产收益率26.24%，每股净资产4.81元。

(二) 财务报表注释

1. 与最近一期年度报告相比，会计政策和核算方法未发生重大变化。

2. 公司于今年初成立销售公司，该公司属本公司下属分公司，其主要经营范围为销售××系列产品，至此，原公司与××经销公司所实行的产销联营、税前分利合同终止。

3. 本年1—6月与去年同期相比，主营业务收入及主营业务利润分别增加11.73倍及11.93倍，主要原因是去年同期由于公司生产的产品以出厂价格售给××经销公司，经销公司所实现的利润分给本公司部分，在本公司报表中是以投资收益反映的，而今年初成立销售公司后，在销售公司所实现的收入及利润全部以合并报表的形式并入本公司报表中。

4. ××年1—6月利润总额、税后利润均较去年同期增长119.19%。主要原因是公司主导产品××系列畅销，供不应求，省名优产品销量较上去年同期增长56.3%，获得较丰厚收益。

二、经营情况的回顾与展望

(一) 上半年经营情况回顾

××年上半年，公司在“夯实管理基础，生产优质产品，提高市场占有率，加速××技改，优化投资结构，形成集团规模”的经营方针指导下，积极开拓经营管理的新路子，将经营的重点放在公司的主业××生产和销售上，在继××年经济效益创历史最高水平的基础上，××

年上半年实现税后利润 12 986.96 万元，再创历史新高。公司为扩大生产规模，增加生产能力所施行的现代化包装中心建设及老车间改造等项目，已按施工进度顺利进行。

（二）下半年计划

××年下半年，公司将在企业管理及生产经营上狠下功夫，挖掘潜力。根据市场需求，适时调整产品生产和销售结构，同时，在下半年争取使企业集团初具规模，以增强公司的市场竞争能力，达到股东谋取更大收益的目的。

三、重大事件提示

（一）本公司于××年 5 月 3 日在公司本部××酒店会议厅召开了××年度股东大会，大会审议通过了董事会、监事会工作报告；××年度财务决算及××年度财务预算报告；××年度利润分配方案的议案；修改公司章程的议案；增选公司党委副书记叶宗岚先生为董事会成员的议案；同时，本次股东大会还授权董事会对公司投资金额在 1 000 万元内项目进行决策。

（二）公司于上半年完成了××年度分红派息工作，××年分红派息方案每 10 股送3 股另派现金 8.50 元(含税)，送红股后公司总股本相应由 8 688 万股增至 11 294.4 万股，注册资本增至 11 294.4 万元。

（三）本公司除原在××年年度报告所披露的重大诉讼事项报告外，本报告期无新的重大诉讼、仲裁事项。

四、发行在外股票的变动和股权结构的变化情况

（一）本公司××年度分红送股方案为每 10 股送 3 股，按总股本 8 688 万股计算，送股总数为 2 606.4 万股。其中：国家股 1 950 万股 社会公众股 656.4 万股。

（二）股权结构情况(截止××年 6 月 30 日)：总股本 11 294.4 万股。其中：国家股 8 450万股，占总股本的 74.28%，社会公众股 2 844.4 万股，占总股本的 25.18%。

（三）主要股东持股情况

股东名称	持股数(万股)	占总股本	增减股(万股)
××国有资产管理局	84 507	4.82%	+1.950

五、本报告期内公司没有召开临时股东大会

六、备查文件

（一）载有董事长、总经理亲笔签名的××年度中期报告原本及完整的财务报告 。

（二）××年度分红派息公告书。

（三）××年度股东大会文件。

以上文件备置于本公司董事会办公室

地址：××市××路××号××大酒店　电话：(×××)×××××××××

××股份有限公司董事会

××年×月×日

单元五 出资证明书

一、出资证明书的概念

出资证明书，又称为股东出资证明书，有限责任公司成立后，应当向股东签发出资证明书。

二、出资证明书的内容

(1) 公司名称；
(2) 公司成立日期；
(3) 公司注册资本；
(4) 股东的姓名或者名称、缴纳的出资额和出资日期；
(5) 出资证明书的编号和核发日期。
出资证明书由公司盖章。

【案例】

北京市海燕剪纸有限责任公司出资证明书

北京市海燕剪纸有限责任公司于2011年8月1日在北京市工商行政管理局注册登记。公司注册金额500万元，股东张三已交纳自己认购的出资额50万元。出资时间2011年7月30日，现公司特出此据证明。

北京市海燕剪纸有限责任公司董事会
2011年8月1日

单元六 企业销售人员考核及奖惩办法

对销售人员的考核目的是促进个人和公司共同成长，确定人员是否符合公司发展要求，以及相应应做哪些调整。

企业销售人员考核通常采用以下方式：

(一) 销售计划完成情况

销售计划完成情况的评估标准是指根据销售人员所负责市场的实际销售额除以目标销售额后得出的比例。

(二) 销售经理领导下的营销人员的达标情况

由于销售经理的重要任务是带领销售队伍，因此必须考核其领导下的业务员实现销售的能力，也就是销售经理领导下的营销人员的达标率。

(三) 销售费用使用情况

所谓的销售费用使用率，就是公司规定的销售费用的预算额与实际产生的费用的比例。

(四) 工作态度

工作态度是指销售人员的个人态度，如积极进取、服从指挥、团队精神、企业文化等。这是一个综合的软性指标。

【案例】

为更好地调动销售人员的工作积极性，真正实现个人所得与销售业绩直接挂钩的分配原则，公司本着优于同行的奖励标准特制定如下考核奖励办法：

一、人员设置

依据公司目前状况，负责海景房销售人员暂定为 5 人：设销售经理 1 人、置业顾问 4 人。置业顾问在销售经理的带领下开展销售工作并完成公司下达的月度销售指标，销售主管直接对公司负责。

二、薪资及奖励提成比例

销售经理及置业顾问薪酬实行底薪＋提成的分配办法。底薪标准：销售主经理 150 000 元；提成比例：月度完成 13 套者，比例为 10%；月度完成 4～6 套者，比例为 6%；月度完成 7 套及以上者，比例为 8%。

三、考核

底薪部分：是指销售人员在月度出满勤的情况下所支付的薪资部分。月度考勤实行签到制，上下班须由本人签名签到，每迟到或早退一次扣 5 元，以此类推。有事必须履行书面请假手续，确因来不及须电话告之，待回公司后履行销假手续。如有缺勤将按照实际缺勤天数扣除；如有事不请假将按照旷工处理，旷工一天比照三天缺勤扣发，累计旷工三天直接劝退，并扣发底薪及全部提成。上述底薪部分下限是指全月无销售情况下执行的标准。

提成部分：是指在月度考核中，销售人员与客户已签订正式《购房协议》，并对下列几种情形履行完相应手续而应提取的比例。A. 购房客户一次性付清全部购房款；B. 分期付款客户付款达到总房款的 80%以上且合同备案；C. 对于按揭贷款的客户交清首付房款签订买卖合同并办理好银行贷款手续(以银行放款为准)。

四、年度奖励

为鼓励销售人员更好更多地实现销售业绩，公司月度、季度除按照上述比例提成外，对所有销售人员个人在年度累计完成 30 套者，年终奖励 5 000 元；累计完成 50 套及以上者，年终奖励 10 000 元。

以上奖励提成办法自发布之日试行三个月，遇特殊情况适时调整。

××有限公司

××年×月×日

教学检测

1. 什么是商业评估报告？商业评估报告应如何撰写？

2. 什么是验资报告？怎样撰写验资报告？验资报告的目的是什么？

3. 什么是财务报告？财务报告的编制要求是什么？请试着阐述资产负债表、利润表和现金流量表的关联。

4. 什么是中期业绩报告？中期业绩报告和财务报告有何关联？

5. 什么是出资证明书？某有限责任公司 2011 年 5 月在上海注册，注册资金为 100 万元，股东李某于当天缴纳认购出资额 20 万元，请你代该公司出具出资证明书。

6. 销售人员的考核有哪些办法？某公司经营高档车的销售，请你针对该公司的销售人员制定奖惩办法。

学习情境五 合作文书

知识要点

◆ 了解合伙合同、订货合同、代理协议书、委托协议书、商业赔偿协议书的概念、内容；

◆ 掌握合伙合同、订货合同、代理协议书、委托协议书、商业赔偿协议书的写作格式及要求。

核心概念

合作文书是现代经济生活中应用极为广泛的实用性写作文体。它对于适应市场经济需要、实现经济利益、解决工作的实际问题具有重要的作用。现代社会，正逐步把合作文书规范化、程式化，因此，应掌握合作文书的实际写作。

合伙合同

单元一 合伙合同

一、合伙合同的概念

合伙合同，是两人以上互约出资以经营共同事业的合同，是合伙人明确各自权利义务的协议，所以也叫合伙协议。合伙合同是合伙企业进行经营管理、损益分担的重要基础。合伙合同应该依法由全体合伙人协商一致，以书面形式订立。

合伙合同有如下特征：

（一）合伙人必须共同出资

包括合伙人只提供劳务或技艺而不提供资金，但资金、劳务或技艺三者必有其一。

（二）合伙人必须参加合伙事业的经营管理

只提供资金而不参加合伙事业的经营管理，不能成为合伙人。

（三）合伙人必须有共同的经济目的，否则不能订立合伙合同

这是合伙合同与一般以财产关系为内容的合同的显著区别之一。

(四) 合伙人之间负连带无限责任

合伙财产的性质基本上属于共同共有的性质。合伙财产包括出资和经营期间取得的财产。

二、合伙合同的内容

《民法通则》第31条规定:"合伙人应当对出资数额、盈余分配、债务承担、入伙、退伙、合伙终止等事项,订立书面协议。"

合伙合同经全体合伙人签名、盖章后生效。合伙人按照合伙合同享有权利、履行义务。合伙合同生效后,全体合伙人可以在协商一致的基础上,对合伙合同加以修改或者补充。

《中华人民共和国民法通则》关于个人合伙的规定主要有:

(1) 合伙合同应采取书面协议。

(2) 合伙人对合伙的债务,按照出资比例或者协议的约定,以各自的财产承担清偿责任而且负连带责任,但法律另有规定的除外。偿还合伙债务超过自己应当承担数额的合伙人,有权向其他合伙人追偿。

三、合伙合同的写作要点

合伙合同主要由标题、合伙人基本情况、正文和落款四个部分组成。

(一) 标题

合伙合同的标题一般可以写为:"合伙合同""个人合伙合同""单位合伙合同""合伙协议"等。

(二) 合伙人的基本情况

标题之下空两格写各合伙人的基本情况,如:姓名、性别、年龄、住址、身份证号等。

(三) 正文

正文是合伙合同的主要内容,包括开头和条款两个部分。

1. 开头

一般简要说明签订合伙合同的目的、经过或依据,如:"各方遵照公平、自愿、互利、诚实守信的原则,就合伙从事×××事宜,经友好协商依法达成如下条款。"

2. 条款

合伙合同的条款中应载明如下事项:

(1) 合伙企业的名称和主要经营场所的地点;

(2) 合伙目的和合伙经营范围;

(3) 合伙人的姓名或者名称、住所;

(4) 合伙人的出资方式、数额和缴付期限;

(5) 利润分配、亏损分担方式;

(6) 合伙事务的执行;

(7) 入伙与退伙;

(8) 争议解决办法;

(9) 合伙企业的解散与清算；

(10) 违约责任；

(11) 合同的有效期、份数、保存办法及其他未尽事宜。

(四) 落款

落款部分写上各合伙人的全称及签订合同的日期。

【案例一】

单位合伙合同

订立合同各合伙人(甲方):海洋牌皮鞋厂　　　　(盖章)

(乙方):江河牌皮衣厂　　　　(盖章)

(其他合伙人按上列项目顺序填写)

第一条　合伙宗旨(略)

第二条　合伙经营项目和范围(略)

第三条　合伙期限

合伙期限为________年,自________年________月________日起,至________年________月________日止。

第四条　出资额、方式、期限

1. 合伙人________(姓名)以________方式出资,计人民币________元。

(其他合伙人同上顺序列出)

2. 各合伙人的出资,于________年________月________日以前交齐,逾期不交或未交齐的,应对应交未交金额数计付银行利息并赔偿由此造成的损失。

3. 本合伙出资共计人民币________元。合伙期间各合伙人的出资为共有财产,不得随意请求分割,合伙终止后,各合伙人的出资仍为个人所有,至时予以返还。

第五条　盈余分配与债务承担

1. 盈余分配,以________为依据,按比例分配。

2. 债务承担:合伙债务先由合伙财产偿还,合伙财产不足清偿时,以各合伙人的________为据,按比例承担。

第六条　入伙、退伙,出资的转让

1. 入伙

① 需承认本合同;

② 需经全体合伙人同意;

③ 执行合同规定的权利义务。

2. 退伙

① 需有正当理由方可退伙;

② 不得在合伙不利时退伙;

③ 退伙需提前________月告知其他合伙人并经全体合伙人同意;

④ 退伙后以退伙时的财产状况进行结算,不论何种方式出资,均以金钱结算;

⑤ 未经合同人同意而自行退伙给合伙造成损失的，应进行赔偿。

3. 出资的转让

允许合伙人转让自己的出资。转让时其他合伙人有优先受让权，如转让给合伙人以外的第三人，第三人按入伙对待，否则以退伙对待转让人。

第七条　合伙负责人及其他合伙人的权利

1. ____________为合伙负责人。其权限是：①对外开展业务，订立合同；②对合伙事业进行日常管理；③出售合伙的产品（货物），购进常用货物；④支付合伙债务；⑤____________。

2. 其他合伙人的权利：①参与合伙事业的管理；②听取合伙负责人开展业务情况的报告；③检查合伙账册及经营情况；④共同决定合伙重大事项。

第八条　禁止行为

1. 未经全体合伙人同意，禁止任何合伙人私自以合伙名义进行业务活动；如其业务获得利益归合伙，造成损失按实际损失赔偿。

2. 禁止合伙人经营与合伙竞争的业务。

3. 禁止合伙人再加入其他合伙。

4. 禁止合伙人与本合伙签订合同。

5. 如合伙人违反上述各条，应按合伙实际损失赔偿。劝阻不听者可由全体合伙人决定除名。

第九条　合伙的终止及终止后的事项

1. 合伙因以下事由之一得终止：①合伙期届满；②全体合伙人同意终止合伙关系；③合伙事业完成或不能完成；④合伙事业违反法律被撤销；⑤法院根据有关当事人请求判决解散。

2. 合伙终止后的事项：①即行推举清算人，并邀请__________中间人（或公证员）参与清算；②清算后如有盈余，则按收取债权、清偿债务、返还出资、按比例分配剩余财产的顺序进行，固定资产和不可分物，可作价卖给合伙人或第三人，其价款参与分配；③清算后如有亏损，不论合伙人出资多少，先以合伙共同财产偿还，合伙财产不足清偿的部分，由合伙人按出资比例承担。

第十条　纠纷的解决

合伙人之间如发生纠纷，应共同协商，本着有利于合伙事业发展的原则予以解决。如协商不成，可以诉诸法院。

第十一条　本合同自订立并报经工商行政管理机关批准之日起生效并开始营业。

第十二条　本合同如有未尽事宜，应由合伙人集体讨论补充或修改。补充和修改的内容与本合同具有同等效力。

第十三条　其他

第十四条　本合同正本一式________份，合伙人各执一份，送________各存一份。

合伙人：　　　　（盖章）　　　　　　　合伙人：　　　　（盖章）

　　年　　月　　日　　　　　　　　　　　　年　　月　　日

【案例二】

个人合伙合同

甲方：____________，男，现住址：____

身份证件号码：____

乙方：____________，男，现住址：____

身份证件号码：____

甲乙双方遵照公平、自愿、互利、诚实守信的原则，就合伙从事石油类产品运输事宜，经友好协商依法达成如下条款，以资信守。

第一条　合伙经营项目

1. 甲乙双方自愿合伙从事石油化工类产品（包括原油、成品油等）的公路运输经营业务，主要运输线路为陕西宝鸡至天津滨海新区。

2. 合伙期间，根据市场需要，经甲乙双方协商一致可以修改经营项目以及运输线路等。

第二条　出资形式及出资比例

1. 甲方以劳务形式出资。甲方的劳务出资体现为甲方负责将合伙运输经营购置的车辆户名、运输资质等手续将办理至己方名下、负责车辆的运输管理、销售、市场开拓等日常经营管理工作。

甲方的劳务出资占甲乙合伙投资总额的50%。

2. 乙方以现金形式出资，出资额为________元。

乙方出资占甲乙合伙投资总额的50%。

3. 甲乙双方一致同意，本协议签订后，将购置一辆大型运输卡车供合伙使用。其中乙方的出资将作为购置该车辆的首付款，购置车辆余款部分（以及该车辆运输需要的购置的相关配套设备支出部分）以乙方的名义向银行贷款（以乙方的自有房屋提供抵押担保）解决，该笔银行贷款为甲乙合伙经营期间的合伙共同债务。

第三条　合伙经营期间的风险、负债负担、利润分配

1. 甲乙双方坚持共同经营、共同劳动、共担风险、共负盈亏的原则。其中对于合伙经营的负债优先以合伙营业收入偿还，不足部分由各合伙人按出资比例进行负担，但是对外，甲乙双方均具连带责任。任何一方对外偿还债务后，其清偿的金额超出自己应负比例的则有权向其他应承担清偿义务的合伙人追偿。合伙经营期间的收入首先应用于偿还合伙经营车辆的银行抵押贷款资金。

2. 合伙经营的收入在偿还银行贷款、应缴纳的税费、劳务报酬等费用之后的利润应按照甲乙各自的投资比例予以分配，即甲乙进行平均分配。

第四条　合伙工商登记、报税、运输通行证

如经营需要，经甲乙一致同意可由甲方负责合伙经营的工商登记包括营业执照、报税、及原油、成品油运输通行证等事宜。

合伙经营需要起商业字号的，应由甲乙共同商定为准。

第五条　合伙经营管理

1. 甲乙协商一致共同推举甲方作为合伙负责人，全面负责合伙业务的日常经营管理工作，包括运输车辆的维护、安全管理、司机、监工的劳务工作职责、酬劳、考勤，客户协调，业务开拓挖掘等事宜；乙方应主要负责运输产品的采购、协调、装载等起运方面具体事宜。

2. 对于涉及财务、账目以及借款、还款、聘用劳务人员等资金使用事项在超过________元额度(________元以下的应各自记账留存凭证定期对账)应甲乙双方协商一致方可进行。

第六条　合伙人的增加、退出

1. 他人可以入伙，但须经甲乙双方同意，并办理增加出资额的手续和订立补充协议，重新调整合伙出资比例以及债务、利润分配比例。补充协议与本协议具有同等效力。新入伙的合伙人对于入伙之前和入伙之后合伙经营的债务与其他合伙人对外共同承担连带责任。

2. 合伙经营期间，经合伙人协商一致，任何一方都可以提前退出合伙业务，假如退伙导致只有一名合伙人继续经营，则合伙组织解散，各合伙人(包括退伙人和继续经营的合伙人)应共同进行合伙业务终止的清算，经清算的合伙资产应在偿还合伙债务之后按各自出资比例进行盈余分配，打算继续经营的一名合伙人应出资收购合伙资产，其收购的出资资金作为合伙人财产由各合伙人按出资比例进行利益分配。

退伙人应对于退伙之前的合伙经营债务应按各自出资比例承担清偿责任，但是对外负担连带清偿责任，清偿债务的合伙人承担比例超出自己应负比例的有权向其他应负清偿义务的合伙人追偿。退伙合伙人在按上述条款偿还应承担的合伙债务之后其出资可以退回，出资不宜退回的可以从合伙财产中折价给予补偿。

第七条　合伙期限

本合伙业务经营期限暂定为五年，自本合伙协议签订之日起计算。合伙期限届满，经各合伙人协商一致可以续展延长经营期限，也可以根据市场情况提前终止合伙经营。提前终止合伙或者延长合伙经营应须提前六个月取得各合伙人的一致意见，在期满前办理完毕有关手续。

第八条　甲乙双方的特别约定

1. 鉴于运输车辆过户登记手续等均办理至甲方名下，因此甲乙双方特别约定，对于合伙经营期间车辆运输中发生的交通肇事、工伤事故、超载处罚、劳务纠纷或意外伤害等情况产生的经济赔偿(含罚款)均应由甲乙双方以合伙财产共同负担，合伙财产不足以清偿赔偿(含罚款)的，应由各合伙人按各自出资比例分担，一方负担超出自己应负担比例的有权向另一方追偿。

2. 合伙经营聘请的司机、监工的工资报酬以及车辆保险、人员保险等开支均列入合伙经营成本。

3. 进行利润分配之前应须扣除聘请的司机、监工等人员工资报酬以及保险费用、车辆维护费用等各项成本。

第九条　合伙终止

出现下列情况情形则合伙终止：

1. 合伙期满；

2. 合伙双方协商同意提前终止的；

3. 合伙经营的业务重大亏损已难以继续经营的；

4. 合伙人退伙，只剩一名合伙人继续经营的；

5. 其他法律规定的情况。

第十条 合伙清算

合伙终止时应当进行清算，清算组由全体合伙人组成，其职责包括：

1. 清理合伙财产，编制财产清单和负债表；
2. 处理与清算有关的合伙未了结事务；
3. 清缴所欠税款；
4. 清理债权、债务；
5. 处理合伙清偿债务后的剩余财产；
6. 代表合伙参加诉讼或者仲裁活动；
7. 分配合伙财产、利润。

上述清算事务完毕，则合伙组织自动解散，本合伙协议即失效。

第十一条 违约责任

本合伙经营期间，甲乙双方（含增加的入伙人）应诚实守信、友好合作，共同处理合伙期间的问题，努力提高经营业绩，严格按照本协议履行各自义务；任何一方严重损害对方合法利益，给合伙经营造成损失的，应向对方赔偿。

第十二条 其他事宜

本协议未尽事宜，甲乙双方可以补充规定，补充协议与本协议有同等效力。

第十三条 协议生效

1. 本协议自甲乙双方共同签字或盖章之日生效，即具有合同约束力。
2. 本协议一式二份，甲乙各执有一份，每份具有同等法律效力。

甲方签字（或盖章）：　　　　乙方签字（或盖章）：

年　月　日　　　　年　月　日

单元二 订货合同

一、订货合同的概念

订货合同也称供应合同，是商品分配调拨计划的落实结果，是供需双方通过订货谈判所达成的书面协议，双方凭借订货合同互相约束，供方按合同向需方按时、按品种、按数量供应需方所需物品；需方凭借合同向供方提取货物、验收和结算货款。

订货合同有以下五个特点：

（一）合法性

订货合同必须依法订立、履行、变更或终止，否则不具有法律效力，也得不到法律保障。

（二）强制性

订货合同一经签订，对于合同订立的双方都具有法律约束力，任何一方不得违反合同约定或单独更改合同内容。

（三）平等性

签订订货合同的双方是平等的，一方不得将自己的意志强加给另一方。合同的内容必须是双方在平等协商的前提下签订的对双方都平等的条款。

（四）双向性

签订订货合同的双方当事人，都享有要求对方的权利，同时也应承担保证双方权利实现的义务。

（五）有偿性

订立订货合同的双方都有自己的经济目标，一方要货，一方要货款。

购销合同是买卖合同的变化形式，它同买卖合同的要求基本上是一致的，主要是指供方（卖方）同需方（买方）根据协商一致的意见，由供方将一产品交付给需方，需方接受产品并按规定支付价款的协议。

订货合同与购销合同二者本质上都是合同，没有太大区别，都属于法律约束性的买卖合同。

二、《合同法》对订货合同的相关规定

订货合同中产品数量、产品质量和包装质量、产品价格和交货期限按以下规定执行：

（1）产品数量，由供需双方协商签订。产品数量的计量方法，按国家的规定执行；没有国家规定的，按供需双方商定的方法执行。

（2）产品质量要求和包装质量要求。有国家强制性标准或者行业强制性标准的，不得低于国家强制性标准或者行业强制性标准签订；没有国家强制性标准，也没有行业强制性标准的，由双方协商签订。供方必须对产品的质量和包装质量负责，提供据以验收的必要的技术资料或实样。产品质量的验收、检疫方法，根据国务院批准的有关规定执行，没有规定的由当事人双方协商确定。

（3）产品的价格。除国家规定必须执行国家定价的以外，由当事人协商议定。执行国家定价的，在合同规定的交付期限内国家价格调整时，按交付时的价格计价。逾期交货的，遇价格上涨时，按原价格执行；价格下降时，按新价格执行。逾期提贷或者逾期付款的，遇价格上涨时，按新价格执行；价格下降时，按原价格执行。

（4）交（提）贷期限要按照合同规定履行。任何一方都不得要求提前或延期。

三、订货合同的写作要点

订货合同主要由标题、供需双方的名称、正文和落款四个部分组成。

（一）标题

订货合同的标题一般有以下形式：

（1）单独由文种做标题，如“订货合同”。

（2）由事由和文种组成，如“产品订货合同”。

（3）由订立合同的双方、事由和文种组成，如“××公司与××公司的订货合同”。

（二）供需双方的名称

标题之下空两格写“供方”“需方”，后面注明双方单位的全称，并在全称后加括号简化为

"甲方""乙方",也可按合同内容在括号中标示。

(三) 正文

正文是订货合同的主要内容,包括开头、条款和结尾三个部分。

1. 开头

一般简要说明签订订货合同的目的、经过或依据,如"为了……目的,根据……规定,经过双方协商,特订立本合同如下"。

2. 条款

订货合同的条款中应载明如下事项:

(1) 产品清单;
(2) 数量、质量要求;
(3) 付款方式;
(4) 交货地点、方式;
(5) 供货日期;
(6) 双方权利义务;
(7) 违约责任;
(8) 其他未尽事宜。

3. 结尾

订货合同的结尾一般是附则部分,主要说明合同的有效期、份数、保存办法及条款未尽事宜的处理办法。

(四) 落款

落款部分写上供需双方的名称,还要有法人代表或负责人的签章,必要时还要写上双方法定地址、邮编、电话、开户银行和账号等,最后写上签约日期。

四、订货合同的写作原则

(1) 内容要合法;
(2) 条款应完备、具体;
(3) 表述要准确、简明、严密;
(4) 字迹清楚、文面整洁。

【案例】

订货合同

甲方(需方):

乙方(供方):

经过双方友好协商,依据《中华人民共和国合同法》,双方遵循平等、自愿、公平和诚实信用原则同意签订以下合同条款,以便双方共同履行合同。

一、产品清单及付款方式

1. 产品清单及价格

名称	数量	单价/元	合计/元	备注
一路行				
导航仪	10 000	700	7 000 000	黑色
总价格:人民币柒佰万元整				

2. 质量要求

产品外表面须平整、干净;无裂痕、无划伤、无变形。

3. 供货日期

乙方在收到甲方预付款后,10个工作日内提供给甲方货物。

4. 付款方式

货到付总款的50%,尾款施工完成及检验合格后一次性付清。

二、相关权利及义务

1. 甲方有权监督乙方的售后服务,并对乙方的售后服务不符合合同要求时加以指出乃至追究合同责任;

2. 甲方在合同规定期限内履行付款责任;

3. 甲方对乙方的技术及商业机密予以保密;

4. 乙方有权按照合同,要求甲方支付相应款项;

5. 双方指定联系人,所有保修过程均应由双方经手人签字纪录。

三、争议

双方本着友好合作的态度,对合同履行过程中发生的违约行为进行及时的协商解决,如不能协商解决可通过法律诉讼解决。

四、其他

1. 本合同一式贰份,甲乙双方各执一份;

2. 本合同自签订之日起生效;

3. 其他未尽事宜,由双方友好协商解决,并参照《中华人民共和国合同法》有关条款执行。

甲方(盖章):　　　　乙方(盖章):

法定代表人(签字):　　　　法定代表人(签字):

年　月　日　　　　年　月　日

单元三 代理协议书

一、代理协议书的概念

代理协议书

代理协议书是委托方委托代理商代为推销某种商品,达到互惠互利目的而签订的一种书面协议,是明确委托人与代理人之间权利与义务的法律文件。

根据不同标准，代理协议书有如下分类：

（一）根据代理的性质可以分为民事代理协议和商业代理协议

商业代理协议与民事代理协议的区别在于：商业代理协议只是适用于商人之间，所以，根据商业习惯，代理人进行代理活动，不一定必须以被代理人名义进行，但其代理行为的效果在一定条件下也可以归属于被代理人。而民事代理协议的基本特征是代理人必须以被代理人名义进行代理活动，其代理的效果才能归属于被代理人。

（二）根据代理权的不同范围分为一般代理协议与特别代理协议

一般代理协议是代理权未经特别限制，代理人可以实施法律上规定其可以实施的一切代理行为的代理协议，如法定代理协议就是一般代理协议。

特别代理协议是代理人的代理权受到特别限制的代理，即代理人仅仅在特许范围内实施代理行为的协议。

本书主要讲述商业代理。

二、商业代理的特征

作为商业代理，其特征主要表现在以下三个方面：

（1）商业代理适用于商事主体（即商人）之间。

（2）如果商业代理中的代理人在进行代理活动时以自己的名义与第三人订立合同，但第三人知道其代理人身份的，代理人行为的效果可以直接归属于被代理人。

（3）如果商业代理的代理人在代理活动中没有表明其代理人身份而第三人不知情的，在第三人违约从而导致代理人不能向被代理人履行义务时，代理人可以向被代理人披露第三人，被代理人可以取得直接向第三人的请求权；在被代理人违约从而导致代理人无法向第三人履行义务时，代理人可以向第三人披露被代理人，此时，第三人可以在代理人和被代理人之间任意选择一人提出请求。

三、代理协议书的写作格式

代理协议书主要有标题、当事人名称、正文和落款四个部分组成。

（一）标题

代理协议的标题一般有以下两种形式：

（1）单独由文种做标题，如“代理协议书”。

（2）由事由和文种组成，如“销售代理协议”“产品代理协议”“医疗器械代理协议”“仲裁委托代理协议”等。

（二）当事人名称

标题之下空两格写委托人与代理人双方的全称，并在全称后加括号简化为“甲方”“乙方”，也可按合同内容在括号中标示。

（三）正文

正文是代理协议的主要内容，包括开头、条款和结尾三个部分。

1. 开头

一般简要说明签订代理协议的目的、经过或依据，如“为了明确双方的权利和义务，经协商一致达成如下协议”。

2. 条款

内容主要包括：

(1) 代理商品的品名与规格等；

(2) 指定的代理地区；

(3) 代理的期限；

(4) 代理商品的数量和金额；

(5) 代理商品的作价办法；

(6) 代理商的权力与义务；

(7) 代理商的佣金率及支付办法等；

(8) 代理协议有效期及中止条款；

(9) 市场报导，广告宣传和商标保护；

(10) 其他规定。

3. 结尾

代理协议书的结尾一般由附则、附件两个部分组成。

(1) 附则

主要说明代理协议的有效期、份数、保存办法及条款未尽事宜的处理办法。

(2) 附件

它是对代理协议的相关说明材料及证明材料，是代理协议的组成部分，和代理协议具有同样的法律效力。一般在正文的主体部分注明附件的名称和份数。有的代理协议有附件，有的没有。

(四) 落款

落款部分主要是注明委托人与代理人双方的名称，还要有法人代表或负责人的签章，必要时还要写上双方法定地址、邮编、电话、开户银行和账号等，最后写上签约日期。

四、代理协议书的写作原则

代理协议书也要符合经济合同的如下写作原则：

(1) 内容要合法；

(2) 条款应完备、具体；

(3) 表述要准确、简明、严密；

(4) 字迹清楚、文面整洁。

【案例】

销售代理协议

供货人(以下称甲方)：××市生态茶叶有限公司

销售代理人(以下称乙方)：××商场

甲乙双方本着互惠互利的原则，经友好协商就合作代理甲方产品等事宜达成如下协议：

一、合作范围

1. 甲方授权乙方在指定区域内作为甲方的代理商，销售“云宏”牌系列产品如下：

(1) 授权代理产品：“云宏”牌系列产品；

(2) 授权区域包括：山东省内(以下简称“指定区域”)。

2. 未经甲方审核批准，乙方不能私自授权下级代理商。

二、合作原则及规定

1. 代理销售商无加盟费用，但第一年的销售额必须达到五十万元以上，以后逐年增加销售额。

2. 乙方作为甲方的代理商，应在指定区域内积极销售甲方的产品，发展潜在客户和扩大市场占有率。但代理商只能代理和售卖本公司的正规产品，否则一经发现假冒伪劣，其他厂家产品的，取消其代理商资格。

3. 乙方在进行销售工作时，不应低价竞争，不可越区销售，不可蓄意诋毁甲方或其他代理商的名声。如有关不当行为最终导致用户终止采购、取消合同或转用其他品牌产品时，甲方有权立即取消本协议。

三、甲方的权利和义务

1. 甲方应以公平合理的出厂价格(出厂价格不包含税、运费)向乙方供应质量合格的正规产品。

2. 甲方有权要求乙方提供库存量、产品流向、销售订单和其下级代理商的明细、销售网点等，以供甲方审查备案。

3. 甲方应对乙方提供的商务信息严格保密，未经乙方同意，不可将其泄露给第三方。

四、乙方的权利和义务

1. 乙方应在指定区域内按照甲方拟订的指导价格销售产品，不可以低价或高价销售。如有跨区销售，须与所跨区域总代理协商。

2. 乙方不可在指定区域外与其他代理商竞争客户。

3. 乙方可要求甲方给予市场销售和指导，以及要求甲方共同参与在其代理区域内进行的茶叶展览会。

4. 为了保障客户的利益和“云宏”的品牌形象，乙方应从甲方直接采购所有产品，未经甲方批准，乙方不可从第三方进行采购。

5. 公司产品销售不理想时，在茶叶、包装，无污染、变质、损坏的情况下可以调换、退货。

6. 乙方应配合甲方建立全国市场信息网，及时提供准确的市场和竞争对手的信息给甲方，在商务活动中积极配合甲方推广和销售“云宏”牌系列产品。

五、销售行为规定

1. 乙方必须遵守和接受甲方的价格指导。

2. 公司每年将复议价格规定，甲方将按照公司的最新价格规定以书面形式通知乙方。对于在价格调整前已确认的销售订单，其单价将不进行调整。

六、订货流程

1. 在每次进货时，乙方必须以格式采购单的形式发给甲方。每个采购单必须列明数量、产品类型和交货时间。

2. 乙方应在采购单确认后的三天内把全部货款汇到甲方指定账户，并将汇款单传真给甲方。甲方在收到全额货款后安排发货。如乙方不按时支付货款，甲方有权把约定的发货期顺延。

3. 甲方应在收到货款后的十个工作日内安排发货。如对交货安排有特殊要求，甲、乙双方可以协商解决。在运输途中如发生货物丢失和损坏的情况，将由货运公司负责。

七、反跨区销售、反低价管理

1. 甲方有权监督乙方并审查销售订单和发货记录，如发现任何跨区销售行为，甲方可以处罚乙方以补偿受到侵害的代理商。

2. 乙方应按照甲方规定的价格在指定区域内进行销售，不能私自降低或抬升销售价格。

八、商标使用

1. 未经甲方的书面授权批准，乙方无权使用公司的“云宏”商标或文字标志。

2. 如果本协议终止，乙方应在终止之日起十天内归还除了为销售现存甲方产品所需材料以外的全部商务文件、目录、广告材料、技术资料及样品等所有材料。乙方并应向甲方提供与甲方有关的客户详细名单及相应报告，以便保证向客户提供持续性的服务，且乙方不得再以任何方式以甲方的品牌或名义进行商务活动。

3. 经双方协商，乙方可以使用自有商标“普贤禅茶”进行销售活动。但需由甲方代为加工。

4. 如乙方违反上述约定，乙方将无条件保证赔偿由此给甲方造成的一切直接和间接损失。

九、协议的生效及解除

1. 本协议自双方签字盖章后生效。

2. 任何一方如不履行本协议中规定的义务或违反本协议中的有关规定，另一方应及时以书面形式通知违约方停止该行为。如违约方在接到要求改正的通知后十五天内仍未改正，发出通知的一方有权立即终止本合同。

3. 任何一方可在本合同的有效期内提前三个月以书面形式通知另一方终止本合同。

十、争议解决

如双方对本协议有争议或在履行过程中产生争议，双方应协商解决，协商不成，提请当地法院裁决，本协议自动终止。

十一、通知地址

本协议首部所注明的地址，电话，传真如有变更，任何一方应及时以书面通知对方，否则由此引起的相关通知无法送达所导致的后果由责任方承担。

十二、未尽事宜，经双方协商签订补充协议。

十三、协议复本和附件

本协议一式贰份，甲乙双方各执壹份为凭。下述附件乃本协议不可分割的组成部分，与本协议具有同等效力。

附件一：乙方营业执照、税务登记证、组织机构代码证、法人身份证（略）

附件二：产品价格表（略）

甲方：××市生态茶叶有限公司　　　　乙方：××商场

日期：　　　　　　　　　　　　　　日期：

单元四 委托协议书

一、委托协议书的概念

委托协议书是委托人和受托人约定，由受托人处理委托人事务的协议，是委托人嘱托受托人代为处理自己的某种业务或权利的协议书。

可以说委托协议书是一种带有托付性质的特殊协议书，是甲乙双方经友好协商，就甲方委托乙方行使某种权利或业务，以此达成的协议书。乙方在保障甲方合法权益的同时，完成甲方的委托。

委托协议书的订立是以当事人双方相互信任为基础，受托人既可以以委托人的名义处理事务，也可以以自己的名义处理事务。受托人在处理委托事务中的法律关系、法律后果指向的都是委托人，受托人只是受托处理事务而已。事务处理中所花费费用也完全由委托人承担，委托处理事务的所得收益也完全归委托人所有。

委托协议书可以分为工程委托协议书、项目委托协议书、授权委托协议书等。

二、委托协议书的特征

委托协议书具有如下三个特征：

（一）委托协议书的标的是劳务

委托人和受托人订立委托协议的目的，在于通过受托人办理委托事务来实现委托人追求的结果，因此，该协议的客体是受托人处理委托事务的行为。

（二）委托协议是诺成、非要式、双务协议

委托人与受托人在订立委托协议时不仅要有委托人的委托意思表示，而且还要有受托人接受委托的承诺，即承诺与否决定着委托协议是否成立。委托协议自承诺之时起生效，无须以履行协议的行为或者物的交付作为委托协议成立的条件。

委托协议成立不需履行一定的形式，口头、书面等方式都可以。

委托协议经要约承诺后合同成立，无论协议是否有偿，委托人与受托人都要承担相应的义务。对委托人来说，委托人有向受托人预付处理委托事务费用的义务，当委托协议为有偿协议时还有支付受托人报酬等义务。对受托人来说，受托人有向委托人报告委托事务、亲自处理委托事务、转交委托事务所取得财产等义务。

（三）委托协议可以是有偿的，也可以是无偿的

委托协议是建立在双方当事人彼此信任的基础上。委托协议是否有偿，应以当事人双方根据委托事务的性质与难易程度协商决定，法律不作强制规定。

三、委托协议书的主要内容

（一）受托人义务与责任

（1）受托人应按照委托内容处理受托事务。受托人要根据委托人指示的内容、范围、方式、目的等行事，不得违反、变更、曲解委托人的指示。委托人下达新指示的，受托人应依照执行。

（2）受托人应亲自处理受托事务。受托人应按照合同的约定独立地实施受托行为，除特殊情况经委托人同意外，受托人不得擅自将受托事务转交他人处理。

（3）受托人应报告受托事务的处理情况。受托人向委托人报告受托事务处理情况，一般是一种默示义务，即使合同中没有约定，受托人也应履行该义务。如果合同中有约定，受托人应按要求的时间、方式进行报告。

（4）受托人应向委托人移交财产。受托人依照合同处理委托事务所取得的各种财产，包括自然和法定的孳息，要及时移交给委托人。根据合同需要由受托人暂时占有的，受托人应尽到妥善保管义务。

（5）受托人未履行以上义务或合同规定的其他义务，要承担违约责任。致使委托人受到经济损失的，有偿委托合同受托人要承担赔偿责任；无偿委托合同受托人因故意或重大过失造成委托人损失的，要承担赔偿责任。

（二）委托人义务与责任

（1）支付费用；

（2）支付报酬；

（3）及时接受委托事务结果；

（4）赔偿受托人损失。

（三）委托合同当事人与第三人的关系

委托合同的当事人是委托人和受托人，但委托合同履行中往往涉及第三人，《合同法》对委托合同当事人与第三人的关系作了明确的规定。

受托人以自己名义，在委托范围内与第三人订立合同，第三人同时知道受托人与委托人的代理关系的，该合同直接约束委托人和第三人。

受托人以自己名义与第三人订立合同时，第三人不知道受托人与委托人之间代理关系的，受托人因第三人原因对委托人不履行义务，受托人应向委托人披露第三人，委托人可以行使受托人对第三人的权利。

受托人因委托人的原因对第三人不履行义务，受托人应向第三人披露委托人，第三人可以选择受托人或委托人作为相对人主张其权利。

委托人行使受托人对第三人权利的，第三人可以向委托人主张其对受托人抗辩。第三人选定委托人作为其相对人的，委托人可以向第三人主张其对受托人的抗辩以及受托人对第三人的抗辩。

模版案例

委托协议书模板

委托人：

受托人：

签订地点：

签订时间：　　年　　月　　日

第一条　委托人委托受托人处理__________事务。

第二条　受托人处理委托事务的权限与具体要求：

第三条　委托期限自______年______月______日至______年______月______日止。

第四条　委托人(是/否)允许受托人把委托处理的事务转委托给第三人处理。

第五条　受托人有将委托事务处理情况向委托方报告的义务。

第六条　受托人将处理委托事务所取得的财产转交给委托人的时间、地点及方式：

第七条　委托人支付受托人处理委托事务所付费用的时间、方式：

____

第八条　报酬及支付方式：

____

第九条　本合同解除的条件：

____

第十条　违约责任：

____

第十一条　合同争议的解决方式：本合同在履行过程中发生争议，由双方当事人协商解决；协商不成的，按下列第________种方式解决：

委托人：　　　　　　　　　　　　　　　　受托人：

年　　月　　日　　　　　　　　　　　　　　年　　月　　日

【案例】

委托协议书

甲方：

乙方：

甲、乙双方根据《中华人民共和国合同法》及其他有关法律、法规、规章，经甲、乙双方友好协商，就江西500千伏南昌变电站、500千伏梦山变电站、500千伏罗坊变电站的生产、生活辅助设施委托检修维护的有关事项达成如下协议：

一、委托内容

1. 生活用水系统；
2. 消防喷淋系统；
3. 消防报警系统；
4. 生活污水处理系统；
5. 暖通设备(如空调、轴流风机等)及站内照明系统。

上述事项的日常维护，事故应急处理。上述事项的大修项目，在同等条件下，甲方优先考虑委托给乙方。

二、委托要求

1. 乙方应建立所需维护工作范围设备档案；
2. 乙方应确保所委托设备正常工作运行；
3. 乙方在接到一般设施故障通知后，应在2个工作日内恢复设备的正常运行。

三、委托期限

自________年________月________日到________年________月________日止

四、委托费用

委托采用包工、包料(含耗材、小修配件)的方式。每月日常检修、维护的费用暂定为叁万元整,合同价款以结算费用为准。

五、付款方法

合同签订后,甲方支付合同总价款的30%作为备料款,以后按季度支付。

六、甲方的权利义务

1. 制定本项目工程运行、维修、养护工作的各项管理规章制度及考核标准,并要求乙方遵守。

2. 做好工程设备、设施及维修材料、维修工具交接的前身准备工作,全面配合乙方顺利开展维护、保养等工程服务工作。

3. 检查监督乙方工作的实施及制度的执行情况,并将日常检查中发现的设备缺陷及异常情况作详尽纪录,及时告知乙方。

4. 检查跟踪乙方服务质量,遇有不合格服务、违纪人员对其进行纠正和处罚,给甲方造成的不良影响及后果,使甲方工作陷入被动的,甲方有权视情节扣除当月部分费用并要求乙方在两日内调换甲方认为达不到工作要求的工程人员。(处罚标准由甲乙双方服务人员补充协商制定)

5. 按本合约中规定的付款方式、金额、时间按时支付委托费用。

6. 甲方有权调动乙方服务人员义务参加应急突发事件。

七、乙方权利义务

1. 本合同一经签订,乙方应提交针对用水系统、喷淋系统、报警系统、污水处理系统、空调及站内照明系统管理方案,配备专业技术人员负责设备的日常运行、维护和管理工作,并做好设备、设施的维护工作。

2. 乙方应全面遵守甲方制定的各项规章制度及日常行为规范,热心周到为甲方服务。

3. 有完整详细的管理记录、运行记录、检查记录、维修纪录、保养纪录。

4. 乙方在管理范围内发现的不安全隐患提出书面整改意见,甲方应认真研究并书面形式回复,甲方未采取有效措施造成的事故以及经济损失,乙方承担责任。

5. 报修工作因乙方长时间不能解决造成的后果,由乙方负责。

6. 因乙方人员工作失职、失误造成甲方及设备、财产损失,由乙方全额赔偿。

7. 本合同终止时,乙方必须向甲方移交全部管理的档案资料。

8. 因乙方责任造成的人员安全、设备损坏等损失,均由乙方负责。

9. 如不可抗力协商同意终止。

八、本协议一式肆份,具有同等效力,甲、乙双方各持贰份,本协议未尽事宜,由双方协商解决。

甲方:	乙方:
(代表签字及盖章)	(代表签字及盖章)
年　　月　　日	年　　月　　日

单元五　商业赔偿协议书

一、商业赔偿协议书的概念

商业赔偿协议书是在商业活动中，因过失、行动给对方造成了损失、损坏、伤害或侵犯了相对人的合法权益，按赔偿法的规定或经双方协商后，就如何补偿而达成一致意见的文书。商业赔偿协议书主要有以下特征：

（一）由商业活动引起的

如果是行政主体引起的则是行政赔偿。

（二）是因商业行为而引起的

只有因商业行为而引起的才能构成商业赔偿。

（三）因商业行为违法而引起的

只有违法商业行为才能构成商业赔偿，合法商业行为不能构成商业赔偿。

（四）因合法权益造成损害而引起

商业赔偿因商业主体侵犯了相对人的合法权益并造成损害而引起。

首先，违法商业行为侵犯了相对人的合法权益。违法商业行为只有在侵犯了相对人的合法权益即属于商业侵权行为时，才能构成商业赔偿。如果侵犯的不是相对人的合法权益，则不能构成商业赔偿。

其次，商业侵权造成了实际损害。如果违法商业行为未造成实际损害，未影响相对人实体权利义务的商业行为，或者该损害不是由该商业行为造成的，如由于相对人本人的过错造成的，则不能构成商业赔偿。

最后，商业赔偿责任由相对人承担。

二、商业赔偿协议书的写作要点

商业赔偿协议书主要由标题、当事人名称、正文和落款等四个组成部分。

（一）标题

商业赔偿协议的标题一般有以下两种形式：

（1）由事由和文种组成，如“商业赔偿协议”“××赔偿协议”等。

（2）由订立合同的双方、事由和文种组成，如“××公司和××公司的商业赔偿协议”。

（二）当事人名称

标题之下空两格写双方当事人的全称，并把一方定为甲方，另一方定为乙方。

（三）正文

正文是商业赔偿协议的主要内容，包括开头、条款和结尾三个部分。

1. 开头

一般简要说明签订商业赔偿的原因，如“由于……原因，经甲乙双方共同协商，达成如下赔偿协议”。

2. 条款

内容主要包括：

（1）赔偿事项的说明；

（2）赔偿的数量、单价和金额等；

（3）争议的解决；

（4）协议的份数、生效日期等；

（5）其他规定。

（四）落款

落款部分要写上赔偿双方的全称及签订商业赔偿协议的日期，必要时还要有法人代表或负责人的签章、双方电话、签约地点等内容。

三、商业赔偿协议书的写作原则

（1）内容要合法。

（2）涉及赔偿事项的价格问题，要符合“四要素”：计量单位、单价金额、计价货币和贸易术语等完整的内容体系。

（3）行文措辞严谨，不能产生任何误解和歧义。

【案例】

赔偿协议书

甲方：

乙方：

甲、乙双方于________年________月________日签订《箱式变电站购货合同》，约定由乙方向甲方提供包含型号为________变压器在内的箱式变电站，由于乙方现提供的型号与原合同约定不符，且未按规定在高压开关安装联动隔离板，导致该变电站经供电局两次验收均不合格。为了妥善解决相关事宜，减少乙方因此而造成的损失，经甲、乙双方协商，达成如下协议：

第一条　关于变压器型号的问题

甲方接受乙方已安装的型号为________的变压器，但附有如下条件：

1. 乙方必须保证该箱式变电站的质量优良，能够正常使用，保证该产品在本协议签订后能够一次通过供电局的验收并合格，否则，甲方有权拆除已安装的箱式变电站，另行购买其他产品安装使用，除所造成的一切损失由乙方承担，乙方还需赔偿甲方双倍于合同金额的赔偿金。

2. 自验收合格之日起一年内，如该产品出现质量问题，甲方有权退货，乙方应承担由此造成的一切损失，并赔偿甲方双倍于合同金额的赔偿金。

3. 本产品的保修执行原合同第六条的规定，在保修期内收到甲方通知后 2 小时内必须派员维修，如经通知未派员或未及时派员维修达十次以上，甲方仍有权退货，乙方应承担由此造成的一切损失。

第二条　关于赔偿问题

由于该变压器二次验收未能通过，乙方同意赔偿甲方：

1. 临时增加的电线等费用：________元。

2. 使用临时变压器造成的电费价差：________元(自________年________月________日起至______月______日______月________日至验收通过并通电所发生的差价另计)。

3. 因验收不合格所产生的验收费用由乙方承担(不合格的原因是乙方过错造成的)，凭供电局验收费单据支付。但最后一次验收合格所需费用不由乙方承担。

第三条　争议的解决

本协议各方当事人对本协议有关条款的解释或履行发生争议时，应通过友好协商的方式予以解决。经协商未达成书面协议，则任何一方当事人均有权向有管辖权的人民法院提起诉讼。

第四条　其他

本协议可根据各方意见进行书面修改或补充，由此形成的补充协议，与协议具有相同法律效力。本协议自各方的法定代表人或其授权代理人在本协议上签字并加盖公章之日起生效。

本协议一式两份，双方各执一份，具有相同法律效力。

甲方(盖章)：	乙方(盖章)：
代表人(签字)：	代表人(签字)：
年　月　日	年　月　日

教学检测

1. 什么是合伙合同？如何撰写合伙合同？甲与乙拟合伙开设一家小型超市，经营百货，注册资金10万元，平均出资。请你代为拟定一份合伙合同。

2. 什么事订货合同？如何撰写订货合同？某企业生产需要5吨甲材料，质量要求为一级，黑色，价格不得超过每吨1 000元。请你代为拟定一份订货合同。

3. 什么是代理协议？如何撰写代理协议？甲公司生产了一批食用植物油，质量合格，价格优廉，拟由乙商场代理销售。请你代为拟定一份代理协议书。

4. 什么是委托协议书？如何撰写委托协议书？甲准备建造一座冷库，但鉴于其专业性较强，特委托学习制冷专业的易某代为办理相关事宜。请你代为拟定一份委托协议书。

5. 什么是商业赔偿协议书？如何撰写商业赔偿协议书？甲方与乙方已订有产品运输合同，但由于运输公司未组织好运力，未能按期将产品运到指定地点，而且在运输过程中，由于司机驾驶不慎，致使货物受损严重。经甲、乙双方协商同意，甲方就乙方损失予以赔偿。请你代为拟定一份商业赔偿协议书。

学习情境六

公函文书

知识要点

◆ 了解询价函、报价函、还价函、订购函、成交函、催款书的概念；
◆ 熟悉询价函、报价函、还价函、订购函、成交函、催款书的写法；
◆ 掌握询价函、报价函、还价函、订购函、成交函、催款书等文体在不同场合的使用要求。

核心概念

日益频繁的贸易经营活动离不开信息的传递和交流，写作公函就是传递、交流信息的方式之一。公函是企业间传递信息的“桥梁”，其撰写的成功与否对企业的业务有着极其重要的影响。

单元一 询价函、报价函、还价函

一、询价函

（一）询价函的概念

询价函是指买方向卖方就某项商品交易条件提出询问的信函。询价的目的是请对方报出商品价格，询价对交易双方都没有法律上的约束力。

（二）询价函的写作要点

询价函的一般格式主要包括：标题、主送单位、正文、落款与时间。

1. 标题

询价函的标题是全要素标题，即包括发文单位、事由及文种。其中事由应是对正文主要内容的标准而精炼的概括。

2. 正文

询价函的正文是文件的主要部分。强调就事论事，应直陈其事。第一部分是叙述事项，第二部分说明希望和要求。去函的正文先写商洽、请求、询问或告知的事项，然后提出希望、请求或要求。最后明确提出“以上意见可否，请函复”“敬请函复”“特此函告”等。“事项”部分基本是叙述和说明的写法，应简单扼要，又要交代清楚。“要求”部分的内容可多可少，如果事项很简单，而且没有过多要求，就同事项写在一起，一气呵成；如果事项复杂些，或要求多些，可以单列一段来写，甚至分条列项来写。写作的口气应谦和，用语应言简意赅。

3. 落款与日期

询价函的正文写完之后，最后要有签署和日期，并要加盖公章。

【案例一】

××箱包公司销售部经理：

我方在《经济日报》上看到贵公司的广告，对贵公司的皮质旅行拉杆箱甚感兴趣。

请贵公司将附表内各项目以 C. I. F 上海报货价来函告知，并请贵公司将产品详细情况、最快交货日期及经常订购的折扣告诉本公司。

本公司对各类旅行拉杆箱每年需求量甚大，请贵方惠赠一份目录及详细说明书。

顺祝

商祺！

××公司采购部宋江

××年×月×日

二、报价函

(一) 报价函的概念

报价函是商务活动中作为卖方在接到客户的询价函后发出的回复性信函。对于卖方而言，一封报价函可能意味着一次销售的好时机，所以报价函的回复一定要及时、确切、周到，不要因为某些小的疏忽而失去潜在的客户。一般来说，报价函主要包括：品名、价格、数量；结算方式；发货期；产品规模；产品包装；运输方式；等等。

(二) 报价函的写作要点

报价函的格式一般包括：标题、称谓、正文、结语、落款。

1. 标题

标题即件名或主题，在第一行居中用较大字体标注，指出信函的主要内容。可以直接写“报价函”“报价信”等字样。

2. 称谓

在标题之下另起一行或直接在第一行顶格书写受信者的名称。称谓后加冒号。由于报价函是针对询价函的，所以称谓项应该根据询价函而写上对方具体的单位或部门名称、个人姓名等。另外，个人姓名前可以加上“尊敬的”等敬语，姓名后应加上“先生”“女士”“经理”“主任”等称呼。

3. 正文

在称谓之下另起一行空两格开始书写正文，一般首先简要说一句感谢对方的询价，然后具体答复价格及相关信息，如产品的质量、规格、包装、交货方式、优惠政策等，最后礼貌地写上“欢迎再询”等关切的话。需要注意的是，不要以为是报价函就只回答报价即可，报价同样离不开产品的质地、规格、包装等信息。

4. 结语

在正文之下另起一行空两格书写“此致”“顺祝”等表示恭谨之意的词语，再另起一行顶格书写“敬礼”“商祺”等表示祝愿的话，后面不必加标点符号。

5. 落款

在正文或结语的右下方署上写信者的名称。在署名的下方写上写信的日期。写信者的名称可以是单位或部门，也可以是个人。如果写信者的名称是单位或部门的，应当书写其全称或规范化简称；如果写信者的名称是个人，前面可以标示其单位或部门。

【案例二】

尊敬的宋经理：

您好！由衷感谢贵公司来函询价，现将我公司最大号皮质旅行拉杆箱的有关信息提供如下：

产品编号：NP—F3552/32

产品质量：一级牛皮

产品规格：80 cm×50 cm×30 cm

产品包装：标准硬纸箱

产品价格：2 200 元/只

产品结算方式：商业汇票

交货方式：送货上门

送货日期：本市收到订单 3 日

优惠价格：订单达 20 只按 9 折

如有问题，欢迎再询，我们期待着为您服务。

恭祝商安！

××箱包公司销售部

××年×月×日

三、还价函

（一）还价函的概念

还价函是买卖双方中接收报价的一方，对报价中需要进一步协商的条款提出的修改意见或建议供对方考虑的商务文书。通常来讲，还价函中应该明确以下条款：产品的数量和质量、产品规格、产品包装、货物的运输、结算方式、产品价格等等。

（二）还价函的写作要点

标题为“还价函”。

正文包括：还价措施、与原报价函变动情况、还价原因及建议等。

落款包括：还价函完成单位名称、公章及日期。

【案例三】

浙江省××酒业有限公司：

贵公司于2002年7月22日发出的报价函收悉。我中心不能接受贵公司的报价，十分遗憾。

由于贵公司生产的××牌一级女儿红五年陈酿在我区市场的销量不是很大，我中心不能过长时间地积压货物，造成资金困难，因此不能接受贵公司提出的报价，我公司最高只能接受报价的80%。

盼复。

××购物中心商品采购部(公章)

××年×月×日

单元二　订购函、成交函

一、订购函

(一) 订购函的概念

订购函是买方为了采购某种商品向供货商发出的愿意按某种条件订购某种货物的信函。如果买方是第一次向该供货商订购这种商品，那么就需要在订购函中将产品的相关信息详细说明，以免供货商发生误解导致发错货物；如果以前订购过该种商品，现在需再次订购，则可以免去对产品本身的说明内容，直接在订购函中写明如“拟再次采购原合同项下××号产品10台”的字样即可。值得注意的是，订购函是买方向供货商发的要约，要约一旦被供货商在买方规定的期限内接受，订购合同就宣告成立。如果在供货商收到订购函之前或者供货商收到订购函但是其尚未做答复，买方也可撤回或撤销订购函，使之不发生法律效力。有时买方也直接向供货商发出已经签字盖章的订货合同，如果供货商在收到合同后也同样签字盖章并将合同寄送给买方，那么合同也宣告成立。

(二) 订购函的写作要点

订购函的结构与销售函基本一致，包括抬头(称呼)、正文和结尾等几个关键部分。抬头一般写“××公司销售部”或“××公司销售经理”等。

1. 正文

正文是订购函的重点，对其层次安排略有讲究。

首先，应该在正文开始提及与对方在此之前有过哪些联系，比如，“曾经收到对方报价”“曾参观过对方的××产品展销会”“曾经接待过对方的销售代表并与之就××事宜进行过洽谈”“曾收到对方寄来的××产品宣传手册”“曾与对方就××产品进行过电话、传真等其他方式的联系”等。

其次，应在正文中的第二部分详细说明订购货物的细节，可以以“现拟订购如下货物”

“兹订购下列货物”“敬请提供贵方报价单中所列的下列产品”等方式开头。另一个需要重视的是对货物本身的描述，比如，商品的数量、质量等级、重量、颜色、产地、型号及编码、材料及其他特征，要用语准确、规范，尽量采用国家规定的标准化度量衡单位，以免给实际工作带来麻烦。为了让对方一目了然，有时也用表格的形式把细节列出来。

再次，对运输、保险、付款等其他事宜也应做出说明，并特别交代对方给予答复的期限或日期。

2. 结尾部分

结尾部分可以表明对尽早收到答复或者货物的希望，并对供货商的配合提前表示感谢，最后是署名和日期。

【案例】

戴尔公司××销售代表：

您好！贵公司上周发来的商用笔记本电脑的宣传手册已经收到，在此表示感谢。我公司对戴尔牌笔记本(网上报价 4 000 元整)很感兴趣，拟订购 20 台，详细配置如下：

中央处理器：英特尔赛扬处理器 540(1.86 GHz)

操作系统：Linux

内存：512 MB DDR2

显示器：15.4 英寸 WXGA TFT 显示屏

硬盘：80 GB＊ SATA 硬盘

光驱：24X CD-RW/DVD＊ Combo Drive

显卡：Intel GMA X3100 显卡

售后服务：1 年内免费上门服务

我们希望在十日内收到货物。对于货款的支付问题，我公司将按原既定的办法办理。

顺祝商祺！

××公司采购经理×××

××年×月×日

二、成交函

(一) 成交函的概念

在进出口贸易中，一方的发盘或还盘被另一方接受，合同关系即宣告成立。同时为了便于履约和监督，双方通常会签订一份合同(采购确认书或销售确认书)。当出口方向进口方寄送销售确认书时，往往会附上一封信，这封信就是成交函。

(二) 成交函的写作注意事项

成交函是一种典型的通知类信函，在写作上需要注意以下几点：

首先，成交函最主要目的是要告诉对方销售合同已寄出，希望其予以会签。

其次，作为成交函，通常会对本次成交表示高兴，并希冀合同顺利履行。

另外，在信用证交易中，信用证能否及时开到出口方直接影响着出口能否按时履约交货。所以拟写成交函时，特别是在距规定到证日较近的情况下，还要加上一些催促对方尽早开立信用证的语句。

单元三 催 款 书

一、催款书的概念

催款书顾名思义就是供货方向买方发出的希望买方尽快付清货款的应用文书。催款书的写法因欠款人的不同而有所差别。如果欠款人信用不好，经常恶意拖欠货款，那么催款书的语气往往比较强硬，一般先向对方提出警告，如果对方不在规定的时间内支付欠款，就要采取相应行动，甚至不惜对簿公堂。如果对方的确是因为暂时的资金困难而无力支付，则催款的语气应比较平缓，给客户留有余地，甚至提出其他解决办法，而不宜提出警告。在实践中，催款书因为欠款的性质不同内容也有所不同。如果是尾款或者小额款项，其催款书的语气和发函的频率与大额欠款的催款书区别较大，甚至催款信的署名人的地位和职位也有所不同。

二、催款书的写作要点

催款书的主体结构一般包括抬头、正文和结尾三个部分。这里略去抬头和结尾，重点说明催款书正文的写法。

催款书的正文一般包括三个部分：首先应向对方通报过期未结账款的详细情况；然后提出要求，敦促对方在希望的时间内付款；最后也可以提示对方可以采取哪些还款方案，必要时还可以告诉对方如果继续拒绝还款可能会带来哪些法律后果。

【案例】

××公司王经理：

您好！我公司曾于6月2日去函，请求贵公司就××合同项下共计10万元整的未结货款汇入我方账户。然而，截至昨天，我方仍未能收到贵公司的货款，对此我方深感失望。

我公司目前仍未能收到贵公司关于延期付款原因的说明，如果贵公司目前资金紧张或者对我们商定的付款方案感到困难，可以来函或者派人前来进一步洽谈。

贵公司一直是我公司最重要的客户之一，我们也非常珍惜贵公司在业界的信誉，希望我们能共同努力解决这个问题。

祝您工作愉快！

××公司××经理

2011年6月15日

教学检测

1. 什么是询价函？应如何写作询价函？若你是某超级商场采购部经理，在电视经济频道栏目上看到某茶叶厂的广告，想向该茶叶厂询问有关其产品毛尖茶的价格情况，请写一份询价函。

2. 什么是订购函？应如何写作订购函？以上题为例，写一份订购函。

3. 什么是催款书？应如何写作催款书？某企业现在欠我公司 37 万元，财务部门拟向其发送催款通知书。我公司与该企业还有业务上的往来，以后还要继续合作。请问这则催款书应该怎么写？

学习情境七

公关文书

知识要点

◆ 了解公关关系文书、债务和解协议书、贷款协议书、延期还款协议书的含义及特点；
◆ 掌握公关关系文书、债务和解协议书、贷款协议书、延期还款协议书的写作要求；

核心概念

公关文书是政府机关、企事业单位、人民团体等组织用来传递信息、交流信息、反馈信息的一种文体，是为实现公共关系目的和开展公共关系活动而制作使用的各种书面材料。公关文书牵涉面广、种类多、应用广泛，所以，应掌握公关文书的实际写作。

公共关系文书

单元一　公共关系文书

一、公共关系文书的概念

公共关系文书（简称公关文书）是为实现公共关系目的和开展公共关系活动而制作使用的各种书面材料。公关文书与一般应用文书有一些共同点，如实用性、程式性、广泛性、时效性等。但由于公共关系独特的职能，使公关文书具有不同于其他应用文体的独特之处，如广告、新闻、公文、计划、总结等，一旦纳入公关范畴，也就或多或少具有了新的特征。

一般来说，公关文书的语言和文字媒介，常常直接体现了组织的政策和形象，反映了一个组织的业务文化素养。说公关文书是组织的“门面”，是一点也不夸张的。所以，相关人员常常在说话和写作方面需要下一番功夫，力求在这两方面都具备较强的能力和较高的水平。

公关文书涉及的面很广，就文件的类别看，无论是公务文书，还是私人文书，都与公关文书有联系；就文体而言，公关文书几乎涉及了所有的常用文体；从使用的范围看，公关文书使用于公关活动的各个环节。

公关文书种类很多。从组织内部来讲有请示、报告、通知、通告、计划、决议、公约、公函等公文类；有声明、广告、简报、新闻稿、演讲稿、调查报表等说明类；有合同、协议书、产品说明书等协约类；还有贺信、请柬、名片等礼仪类。本章主要讲述的是协约类公关文书。

二、公共关系文书的特点

（一）传播的实用性

公关文书是进行公关活动过程中的文字材料，具有很强的实用性。它不必像记述历史那样来写，也不需要像创作文学作品那样运用虚构和夸张。公关文书是传递信息、交流信息、反馈信息，具体处理公关活动中所必须用文字来表达的事情，目的非常明确。

（二）使用的广泛性

有人说公关文书是“无所不在的交通工具”，这是有道理的。公关文书使用十分广泛，就范围看，有上行文、平行文、下行文；就时间看，每个组织几乎天天都要使用。

（三）格式的规范性

公关文书要讲究格式的规范。所谓格式，包括书写、排印行款式样、结构层次、习惯用语、称谓、签署等以便于写作、阅读、承办、归卷、查询。当然，格式也不是一成不变的，但这种变化必须以社会公认为前提。

（四）法定的权威性

公关文书的权威性来自它的制发机关的权威和合法地位。也就是说，是由它的制发机关的职权和威信所决定的。一个具有法人资格并在公众中享有声誉、地位的制发机关，它所制作的文书才能得到社会的承认并发挥效用。如一个债务和解协议书，如果没有权威，就不能让有关组织的合法权益得到保护。

三、公共关系文书的写作原则

公关文书是应用文，它同一般的应用文一样具有共同性，例如，主题鲜明、结构紧凑、层次清楚、文字流畅等。由于公关文书的实用性强，除了上述要求外，还有自身的一些特殊要求。概括起来，主要有以下四点：

（一）真实、准确

公关文书是一种办事工具，用于联系工作，树立形象，因此，必须准确无误，实事求是。

准确的关键是“立意”要准确、鲜明，提倡什么，反对什么，说明什么观点，解决什么问题，都要十分明确。古人云：“意在笔先”，“意”即主题，是文章的灵魂。主题明确才能有的放矢地开展工作。

真实，主要指恰如其分。在公关文书的各种体裁中，都是直接指其意，述其事，表其情，不允许任何的虚构和杜撰。

使用规范的书面语，正确使用规范的词语，使读者准确理解公文，避免产生歧义。

（二）新鲜、及时

一是要从公关工作的根本目的出发，写出个性与特色。如果写出来的东西没有令人信服的内容，就会让人感觉十分空洞。

二是写作的语言要新鲜活泼。虽然大多数的公关文书属于直接叙述性的文章，但是，如果讲究语言的表达方式，同样可以写得生动。不过，公关文书大都用于交流传递信息，所以，时间就是生命，切忌拖拖拉拉，“构思十年”，就会失去它的时效性。

(三) 简洁、清晰

公关文书只有便于阅读和处理，才能提高办事效率，所以，写得简洁、清晰非常重要。

要写得简洁，首先要对所办之事的情况、存在的问题、采取的措施和步骤有一个清楚的分析和概括。如果在认识上比较模糊，抓不住症结和主要问题，写起来就无法做到层次清晰、文字简练。在写作技巧上，公关文书都应开门见山，简明扼要，切忌“帷幕”重叠，画蛇添足。为了使语言简洁、清晰，经常使用一些专用词语与固定的习惯用语，如“业经”“遵照”“收悉”“为要”“照办”等。

(四) 质朴、得体

公关文书大都要在公众中传递，散发面广。而且，从文书上可以看出这个组织的文化修养与知识水平，所以，无论在书写规范、外观设计，还是在传递的方式和时机选择上，都要严格把关，不可草率从事。公关文书的内容和形式都必须美观、大方。公关文书涉及的文种较多，而各类文种都有自己的格式，不可混淆，否则，就会贻笑大方。因此，公关文书的起草必须符合各种文体的规定形式，发出的文件必须符合本组织的地位和身份，落落大方，质朴得体。

单元二　债务和解协议书

一、债务和解协议书的概念

债务和解协议书是指债权人以收获部分现金的形式与债务人解除契约，即所有未还债务按一定的百分比，由债务人用现金支付给所有债权人后，视同全部清偿而签订的协议书。减少债务人的债务，具体包括同意减少债务人偿还本金数额、同意降低利率、同意将一部分债权转为股权，或将上述几种选择混合使用。

例如：某企业向银行以10%的利率借款100万元，期限为两年，现已到期，由于种种原因，企业无法按期如数偿还。银行与企业达成和解协议，银行同意企业将偿还本金额减少为80万元，贷款利率降为8%。这样该企业只要支付96万元(80+100×8%×2)现金，即可清算此项贷款。和解协议书必须经过全体债权人同意才能实施。

二、债务和解的优缺点

债务和解可以为债务人和债权人双方都带来一定的好处：

首先，这种做法避免了履行正式手续所需发生的大量费用，所需要的律师、会计师的人数也比履行正式手续要少得多，使重整费用降至最低点。

其次，可以减少重整所需的时间，使企业在较短的时间内重新进入正常经营的状态，避免了因冗长的正式程序使企业迟迟不能进行正常经营而造成的企业资产闲置和资金回收推迟等浪费现象。

最后，谈判具有更大的灵活性，有时更易达成协议。但也存在着一些弊端，主要表现为：当债权人人数很多时，可能难于达成一致；没有法院的正式参与可能影响到协议的严肃性，使协议的执行缺乏法律保障。

三、债务和解的实施

当企业拟采用债务和解措施来渡过难关时，首先由企业，即债务人向有关管理部门提出申请，召开由企业和其债权人参加的会议；其次，由债权人任命一个由1～5人组成的委员会，负责调查企业的资产、负债情况，并制定出一项债权调整计划，就债务的和解做出具体安排；最后，召开债权人、债务人会议，对委员会提出债务和解的财务安排进行商讨并取得一致意见，达成最终协议，以便债权人、债务人共同遵循。

【案例】

债务和解协议书

甲方(债权人)：××公司

乙方(债务人)：××公司

甲乙双方自　　年　　月　　日起至　年　月　日止，维持商品(××××物品)交易合同，其赊账债务的余额，甲方主张享有债权人民币元整，乙方则主张不负任何责任，经调查甲、乙双方的账簿、票据后，双方达成如下协议，共同遵守。

一、乙方承认本日积欠甲方赊账债务人民币　　　元整，并自本日起至债务清偿日止，以日息　　计算全部利息，并承担偿还义务。

二、乙方将对前条债务的本金人民币　　　元整，于　　年　　月　　日亲自送至甲方财务室。

三、如果乙方于　　年　　月　　日如期支付前条的债务，免除第一条所述的利息支付。

四、乙方对于第二项所载的一次性付款方式若有延迟，则无须甲方通知、催告，立即丧失协议期限利益日一次付清本金余额与利息合并的金额。若再有延迟，则自当日起讫清偿日止，应加前述金额以日息××计算全部利息。

五、乙方根据第二项付款方式清偿债务时，所开出支票的到期日，不得超过该付款期最后期限。

六、甲、乙双方确定除本协议外，并无任何债务关系。

七、甲、乙双方在履行本合同过程中发生争议，由双方协商解决；协商不成的，按本合同约定的下列方法之一进行解决：

1. 由仲裁委员会仲裁；
2. 向人民法院起诉。

八、本协议一式两份，甲、乙双方各执一份。从双方签字之日起即时生效，均具有同等法律效力。

甲方：　　　　　　　　乙方：
代表：　　　　　　　　代表：
电话：　　　　　　　　电话：

签约日期：　　年　　月　　日
签约地点：

单元三　借款协议书

一、借款协议书的概念及特征

（一）概念

借款协议书又称贷款合同或借款合同，是指借款当事人之间，为了借贷一定数量的货币而明确互相权利义务的协议。出借货币的单位和个人，称为贷款人；用款单位或个人，称为借款人。

（二）借款合同的特征

（1）借款合同是一种双方法律行为。这包含两种含义：一是指借款行为是一种由双方或者借款人、贷款人和担保人三方共同完成的行为；二是指借款行为是一种法律行为，即通过借贷双方有意识的接待活动，从而产生了借款合同这一法律后果。

（2）借款合同是双方当事人意思表示一致的法律行为。

（3）借款合同是双务合同。借款双方当事人均负有义务。

（4）借款合同的标的只限于货币，其他财产不能作为该合同的标的。

（5）借款合同一般都要求借款人提供担保。借款人要有一定的自由资金，并要有适用、适销的物资作为担保。

（6）借款合同一般采用书面形式，但自然人之间另有约定的除外。

（7）借款合同中，除自然人之间的借款合同为实践合同外，其余均为诺成合同。

二、借款协议书的写作要点

（一）要约和承诺

要约、承诺是借款合同成立必须经过的意思表示的两个阶段。所谓要约，就是合同一方当事人向另一方提出合同的主要条款，希望对方接受并签订合同的意思表示。订立借款合同，借款人向贷款人递交借款申请的行为，即为要约。所谓承诺，是指被要约人（受约方）同意接受要约内容，决定与要约方就要约的内容订立合同的意思表示。对要约内容提出修改意见或补充的答复都不是承诺，而是一种反要约或新要约。实践中，借款合同的订立往往是要约、反要约直到最后承诺，是反复磋商的过程。

（二）借款合同的主要条款

1. 主要内容

借款种类，即根据借款人所属行业、借款用途等确定的类别；借款用途，即借款人使用贷款的范围；借款数额，即合同标的；借款利率，即一定时期内利息与本金的比率；借款期限，即借款使用期限；还款资金来源及还款方式，即借款人归还贷款的资金渠道；担保条款，即债权实现的保障条款。同时还包括借贷双方约定的其他条款。

2. 借款合同的签订与生效

借款合同必须采用书面形式。我国《合同法》规定合同生效的条件有：合同自成立时生效；合同自标的物交付之日起生效；附生效条件（期限）的合同，自条件成就（期限届满）时生效；法律、行政法规规定应当办理批准、登记等手续的，自办妥批准或登记手续之日起生效。

3. 借款合同的变更与解除

借款合同有效成立后，尚未履行或尚未完全履行以前，当事人可以就合同的内容达成修改或补充的协议。借款合同的变更主要是合同内容的变更。任何一方未经对方同意，擅自变更借款合同内容，将构成违约，原借款合同继续有效。如果合同变更的内容不明确的，视为未变更。借款合同的解除包括约定解除和法定解除。约定解除是指借款合同当事人可以通过其约定或行使约定的解除权而导致借款合同的解除；法定解除是指借款合同有效成立后，没有履行或没有履行完毕以前，当事人一方行使法定解除权而使借款合同效力消灭的行为。

4. 贷款的发放

【案例一】

甲方（出借方）：

乙方（借款方）：

经甲、乙双方协商同意，就借款事宜，达成如下协议，共同遵守。

一、借款数额：出借方于年月日借给借款方人民币____________元（金额大写）。

借款期限：自　　年　　月　　日至　　年　　月　　日。

二、借款利息：双方约定借款利息为　　%。

三、违约责任：借款方应当按照约定的期限返还借款本息，借款方未按照约定的期限返还借款本息，出借方可以要求借款人按日加付本息的万分之××的违约金。

四、甲、乙双方在履行本合同过程中发生争议，由双方协商解决；协商不成的，按本合同约定的下列方法之一进行解决：

1. 由×××仲裁委员会仲裁；
2. 向人民法院起诉。

五、本协议自出借方提供借款之日起生效。

甲方：	乙方：
代表：	代表：
电话：	电话：

签约日期：　　年　　月　　日

签约地点：

【案例二:短期借款协议书】

××银行(营业部)短期借款协议书

甲方(借款人):

乙方(贷款人):

经甲、乙双方协商同意,就借款事宜,达成如下协议,共同遵守。

第一条　借款金额:________(小写)______________________(大写)。实际借款金额以借据为准。

第二条　借款用途:____________________________。

第三条　借款期限:自______年______月______日至______年______月______日止。

第四条　在本合同期内,借款的实际放款日和还款日以借据为准。借据是合同的组成部分,与本合同具有同等法律效力。

第五条　贷款人应在借款人办理借款手续后个营业日内将借款放出。

第六条　借款人用下列资金,但不限于下列资金,归还本合同向下借款本息。

1. ______________________________________。

2. ______________________________________。

第七条　本合同到期,借款人应主动归还全部借款本息。不主动归还的,借款人同意贷款人从借款人账户划收。

借款利率和计息:________

第8条 本合同项下借款利率根据国家有关规定,确定月息千分之________。

第9条 本合同项下借款,自贷款方放款之日起计息,按日计息,按季结息,借款到期还清本息。

第10条　经贷款人同意,借款人提前归还借款的,仍按合同约定的利率和实际用款天数计算利息。

第11条　借款人在贷款人结息日前应在其账户备足应付利息,由贷款人从借款人账户划收。

担保:____________________________________

第12条　本合同项下借款本息和可能发生的违约金、实现债权的费用由向贷款人提供方式的担保,并另行签订合同编号为的担保合同。

第13条　如果担保合同中约定的有关事项发生,贷款人认为足以影响担保人的担保能力的,借款人应重新提供令贷款人满意的担保。

双方承诺:____

第14条　借款人承诺:______________________________

1. 按照本合同规定的用途使用借款。

2. 不利用借款从事违法经营活动。

3. 在本合同项下借款全部清偿前,借款人有任何一种改变经营方式行为(包括承包、租赁、合并、分立、股份制改造、联营、与外商合资或其他形式)时,应最迟于改变经营方式前三十天通知贷款人,并保证贷款本息的清偿。

4. 发生歇业、解散、停业整顿、被吊销营业执照、被撤销时，保证立即归还贷款本息。

5. 当客观上有危及借款安全情况时(包括涉及重大经济纠纷、财务状况恶化等)，应当在事件发生后天内以书面通知贷款人，并保证贷款本息的偿还。

6. 按照如实提供贷款人要求的资料(包括资产负债表、损益表、所有开户行、账号、存款余额等)，并配合贷款人调查、审查和检查与借款有关的生产、经营、财务等情况。

第十五条　贷款人承诺：

1. 按期足额发放贷款；

2. 对借款人的债务、财务、生产、经营情况保密。

合同的变更：____

第十六条　借款人需要延长借款期限的，应在借款到期日前________日内向贷款人提出申请，并征得担保人的书面同意。

第十七条　借款人如要将本合同项下债务转让给第三者，应经贷款人书面同意。在受让人和贷款人重新签订借款合同前，本合同继续有效。

第十八条　借款人、贷款人任何一方需变更本合同其他条款，均应书面通知对方，并经双方协商一致，达成书面协议。

第十九条　借、贷双方协议变更本合同内容，均应征得担保人书面同意。

第二十条　违约责任：借款人未按本合同约定的用途使用借款，贷款人可以停止发放尚未发放的贷款，并提前收回以及发放的部分或全部贷款。

第二十一条　甲、乙双方在履行本合同过程中发生争议，有双方协商解决；协商不成的，按本合同约定的下列方法之一进行解决：

1. 由×××仲裁委员会仲裁；

2. 向人民法院起诉。

甲方：　　　　　　　　　　　　乙方：
代表：　　　　　　　　　　　　代表：
电话：　　　　　　　　　　　　电话：

签约日期：　　年　　月　　日
签约地点：

【案例三：中长期借款协议书】

××银行(营业部)中长期借款协议书

甲方(借款人)：

乙方(贷款人)：

经甲、乙双方协商同意，就借款事宜，达成如下协议，共同遵守。

第一条　借款金额：________(小写)________________________(大写)。实际借款金额以借据为准。

第二条　借款用途：____。

第三条　借款期限：自______年______月______日至________年________月________日止。

第四条　分次提款，即：

1. ________年________月________日，提款________元；

2. ________年________月________日，提款________元；

3. ________年________月________日，提款________元。

第五条 借款人确需推迟提款日期的，应在提款日前天征得贷款人同意，并支付贷款人因此所受的利息损失（推迟提款期的利息一同期活期存款利息＝贷款人所受利息损失）。借款的实际提款日以借据为准。借据是合同的组成部分，与本合同具有同等法律效力。

第六条 贷款人应在借款人办理借款手续后个营业日内将借款放出。

第七条　分次还款，即：

1. ________年________月________日，归还本金________元；

2. ________年________月________日，归还本金________元；

3. ________年________月________日，归还本金________元；

……

第八条　借款人用下列资金，但不限于下列资金，归还本合同向下借款本息。

1. ____。

2. ____。

3. ____。

……

第九条　借款人应在本合同约定的时间主动归还全部借款本息。不主动归还的，借款人同意贷款人从借款人账户划收。

借款利率和计息：

第十条　本合同项下借款利率根据国家有关规定，一年一定，第一年的利率确定为年息________%，期满后由贷款方根据国家当时规定的梯次利率重新确定下一年的借款利率。

第十一条　本合同项下借款，自贷款方放款之日起计息，按日计息，按季结息，借款到期还清本息。

第十二条　经贷款人同意，借款人提前归还借款的，仍按合同约定的利率和实际用款天数计算利息。

第十三条　借款人在贷款人结息日前应在其账户备足应付利息，由贷款人从借款人账户划收。

担保：

第十四条　本合同项下借款本息和可能发生的违约金、实现债权的费用由向贷款人提供方式的担保，并另行签订合同编号为的担保合同。

第十五条　如果担保合同中约定的有关事项发生，贷款人认为足以影响担保人的担保能力的，借款人应重新提供令贷款人满意的担保。

双方承诺：

第十六条　借款人承诺：

1. 项目自筹资金及其他筹措资金按时足额到位。

2. 按照本合同规定的用途使用借款。

3. 不利用借款从事违法经营活动。

4. 在本合同项下借款全部清偿前，借款人有任何一种改变经营方式行为(包括承包、租赁、合并、分立、股份制改造、联营、与外商合资或其他形式)时，应最迟于改变经营方式前三十天通知贷款人，并保证贷款本息的清偿。

5. 发生歇业、解散、停业整顿、被吊销营业执照、被撤销时，保证立即归还贷款本息。

6. 当客观上有危及借款安全情况时(包括涉及重大经济纠纷、财务状况恶化等)，应当在事件发生后________天内以书面通知贷款人，并保证贷款本息的偿还。

7. 按照如实提供贷款人要求的资料(包括资产负债表、损益表、所有开户行、账号、存款余额等)，并配合贷款人调查、审查和检查与借款有关的生产、经营、财务等情况。

第十七条　贷款人承诺：

1. 按期足额发放贷款；

2. 对借款人的债务、财务、生产、经营情况保密。

合同的变更：

第十八条　借款人需要延长借款期限的，应在借款到期日前________日内向贷款人提出申请，并征得担保人的书面同意。

第十九条　借款人如要将本合同项下债务转让给第三者，应经贷款人书面同意。在受让人和贷款人重新签订借款合同前，本合同继续有效。

第二十条　借款人、贷款人任何一方需变更本合同其他条款，均应书面通知对方，并经双方协商一致，达成书面协议。

第二十一条　借、贷双方协议变更本合同内容，均应征得担保人书面同意。

违约责任：

第二十二条　借款人未按提款计划按时到贷款人营业场所办理提款手续，也未和贷款人达成变更提款计划协议的，应根据违约金额和违约天数，每日付给贷款人万分之________违约金。

第二十三条　借款人未按本合同约定的用途使用借款，贷款人可以停止发放尚未发放的贷款，并提前收回以及发放的部分或全部贷款，同时对违约使用部分按国家规定，在违约使用期间每日计收万分之________利息。

第二十四条　借款人未按合同约定的还款计划归还借款本息时，贷款人按国家规定对逾期贷款每日计收万分之________利息。

第二十五条　借款人违反本合同第十三条，不按期支付利息的，贷款人对借款人支付的利息计收复利。

第二十六条　借款人违反本合同第十五条、第十六条第1项、第3项、第4项、第5项、第十九条时，贷款人可以停止发放尚未发放的借款，并提前收回已经发放的部分或全部借款。不能收回的，视为贷款逾期，贷款人有权按国家规定计收逾期贷款利息。

第二十七条　借款人违反本合同第十六条第6项、第7项时，应向贷款人支付违约金。

第二十八条　贷款人未按本合同第六条约定向借款人提供贷款的，应根据违约金额和违约天数，每日付给借款人万分之________违约金。

争议的解决：

第二十九条　在本合同履行中发生的纠纷，双方应首先协商解决，协商不成的，可向贷款人住所地人民法院提起诉讼。

其他：

第三十条　本合同经借款人和贷款人双方加盖公章并由双方法定代表人或法定代表人授权的代理人签章后生效。有担保合同的，担保合同生效后，方可办理借款手续。

第三十一条　本合同自其项下贷款本息和可能发生的违约金、实现债权的费用得到全部清偿时，自动失效。

第三十二条　借款人变更住所、通讯地址，以及营业范围法定代表人、注册资金等工商登记事项时，应在有关事项变更后日内书面通知贷款人。

第三十三条　双方约定的其他事项：

……

第三十四条　本合同未尽事宜，遵照国家有关法律、法规和规章办理。

第三十五条　本合同一式两份，借款人和贷款人各执一份。

第三十六条　本合同附件：

1. 贷款证复印件；
2. 借款人经工商行政管理局年检的营业执照复印件；
3. 贷款人授权代理人委托书；
4. 担保合同年字第号；
5. 借据。

借款人住所：	贷款人住所：
基本账户开户行：	电话：
账号：	传真：
电话：	邮政编码：
传真：	
邮政编码：	

签约日期：　　年　　月　　日

签约地点：

单元四　延期还款协议书

一、延期还款协议书的概念

延期还款协议书是指借款方因故未能按照合同的约定付款，经借款方和贷款方协商而采取延长或推迟时日期归还所欠的债款或偿付所欠的贷款的书面协议。它是贷款方和借款方就延期还款问题经过谈判或共同协商，取得一致意见后，订立的一种具有经济或其他关系的契约性文书。

二、延期还款协议书的写作要点

(一) 标题

标题由双方单位名称、事由、协议书三部分组成。

(二) 正文

条款内容包括：

(1) 协商目的；

(2) 协商目的责任；

(3) 延期还款的具体期限和相关责任；

(4) 违反条款的责任处理；

(5) 落款(签署)；

(6) 签署日期。

【案例】

延期还款协议书

甲方(借款人)：

乙方(贷款人)：

丙方(担保方)：

甲方因××××不能如期偿还　年　字　号借款合同的借款，需向乙方申请延长贷款期限。乙方经审查，同意甲方延期还款，丙方同意继续为甲方提供担保。甲、乙、丙三方经协商一致，达成下列各项：

一、甲方根据　年　字　号合同向乙方借用的人民币贷款(大写)×××整，其中(大写)×××整于　年　月　日到期，截止到　年　月　日上述贷款的余额为(大写)整，现约定延期到　年　月　日偿还。具体还款计划如下：

日　期	金　额
年　月　日	
年　月　日	
年　月　日	
年　月　日	

二、甲方用下列资金归还上条所列延期还款本息：

1. ……

2. ……

3. ……

4. ……

三、延期后的贷款利率，从延期之日起按本协议签订之日的利率月息××‰执行。贷款的延期期限加上原期限达到新的利率档次期限，在原期限和延期内均按新的利率档次计收利率。

四、延期后甲、乙、丙各方的其他权利、义务以及有关事项，仍按年字第　号合同和　年字第　号担保合同约定的条款执行。保证合同的保证期间为本协议约定的主债务履行届满之日起内。

五、当事人商定的其他事项。

六、本协议从甲、乙、丙各方法定代表人或法定代表人授权的代理人签字并加盖单位公章之日起生效。至本协议项下贷款本息、费用全部清偿时自动失效。

七、甲、乙双方在履行本合同过程中发生争议，由双方协商解决；协商不成的，按本合同约定的下列方法之一进行解决：

1. 仲裁委员会仲裁；

2. 向人民法院起诉。

八、本协议一式三份，甲、乙、丙各执一份。

甲方：	乙方：	丙方：
代表：	代表：	代表：
电话：	电话：	电话：

签约日期：　　年　　月　　日

签约地点：

注：1. 如主合同没有担保，本协议有关担保人的内容不填。

2. 如协议当事人为非法单位人，由其主要责任人或主要责任人授权的代理人签字。

教学检测

1. 公关文书有什么作用(功能)?

2. A 公司现有一个投资项目，需要资金人民币 136 万元，但其自有资金不足，需向银行借款，期限为六个月。请你代为拟定一份短期借款协议书。

3. 进过半年的经营，A 公司已到还款日期，但该公司因某种原因出现流动资金短期，周转不足，故需向银行申请延期还款，总金额为 66 万元，三个月后还清。请你代为拟定一份延期还款协议书。

金融、税务文书

知识要点

◆ 了解银行开户申请书、借贷申请书、审计计划、审计工作底稿的概念；
◆ 熟悉银行开户申请书、借贷申请书的主要内容和写作格式；
◆ 掌握审计计划、审计工作底稿的分类和编制原则。

核心概念

税务文书是由国家税务总局制定的统一格式的文书，主要是用来处理经济事务、传播经济信息、协调经济活动。税务文书是经济文书的主要组成部分，是税务机关加强对企业的设立、终止及生产经营整个过程和税收征纳的合法性、合理性进行管理和控制的重要依据和手段。

单元一　银行开户申请书

一、银行开户申请书的概念

银行账户是企业和个人办理存、贷、结算和现金收付业务的工具。银行开户申请书是银行统一印制的，由申请在银行开户的单位填写。

二、银行开户申请书的主要内容

各银行的开户申请书格式并非统一，但大致内容相同，都要包括以下主要内容：
(1) 申请开户单位名称；
(2) 申请开立的账户名称；
(3) 单位性质及级别；
(4) 上级主管部门；

（5）工商局批准文号；

（6）地址以及账户基本情况等。

三、办理银行开户申请书的注意事项

办理开户申请书时应注意下列问题：

（1）银行账户分基本存款账户、一般存款账户、临时存款账户和专用存款账户。各种账户的申请人范围、申请时提交的文件各不相同，具体由《银行账户管理办法》规定。

（2）存款人申请开立基本账户或一般存款账户时须送交盖有存款人印章的印鉴，填写印鉴卡。印鉴卡是盖有开户单位公章和财务主管、会计经办人员印章的卡片。申请开户单位在印鉴卡上预留印鉴，银行凭此审查鉴别开户单位付款凭证的真伪，印鉴不符，银行拒绝办理付款。因情况变化需要更换印鉴者，需填写“更换印鉴申请书”。

（3）银行账号由银行编发。

（4）开户单位使用银行账户必须遵守《银行账户管理办法》的有关规定。

（5）开户单位申请改变账户名称，应撤销原账户，并按规定开立新账户。

（6）开户单位撤回账户，必须与开户银行核对账户余额，经开户银行审查同意后，办理销户手续，应交回各种重要空白凭证和开户许可证。

四、银行开户申请书的格式

【格式一】

正面：

开立单位银行结算账户申请书

申请日期：　　年　　月　　日

存款人名称		电话	
账户性质		邮编	
地址		联系人	
证明文件种类		编号	
营业执照有效期		组织机构代码	
存款人类别		法人代表或负责人姓名	
注册地地区代码		身份证件种类	
开户登记证核准号		身份证件号码	
经营范围		注册资金（人民币）	
税务登记证编号（地税）		税务登记证编号（地税）	
专用存款账户资金性质			
有上级法人或主管单位的应填写以下内容：			
上级法人或主管单位名称			
法人代表或负责人姓名		身份证件种类	
组织机构代码		身份证件号码	

（续表）

基本存款账户开户登记核准号			
有关联企业的应填写以下内容：			
关联企业名称			
以下栏目由银行审核后填写：			
开户银行名称		开户银行代码	
账号		开户日期	
基本存款账户开户登记证核准号		临时存款账户有效期 至 年 月 日止	
账户性质	基本存款账户（ ）一般存款账户（ ） 专用存款账户（ ）临时存款账户（ ）		
申请单位： （签章） 年 月 日		主管单位意见 （签章） 年 月 日	
开户银行审核意见 （签章） 年 月 日 授权经办		人民银行审核意见 （签章） 年 月 日	

注：申请人在填写前请认真阅读并签署申请书背面的《单位银行结算账户管理协议》。

背面：

单位银行结算账户管理协议

甲方（存款人）：

乙方（开户银行）：

根据《人民币银行结算账户管理办法》和甲方提出的申请，乙方同意为甲方开立_______________________存款账户，户名为：______________，账号为：______________________。为明确双方的责任，现签订协议如下：

一、甲乙双方承诺遵守《支付结算办法》《人民币银行结算账户管理办法》《现金管理暂行条例》等有关法律法规、规章制度办理所有支付结算业务。

二、甲方的义务

1. 按照《人民币银行结算账户管理办法》的要求提供相关开户资料，并保证开户资料的真实、完整、合法；
2. 按规定使用银行结算账户；
3. 开户资料变更时在规定的期限内及时通知银行；
4. 按规定使用支付结算工具；
5. 按规定支付服务费用；
6. 及时与乙方核对账务；
7. 销户时应交回开户登记证、各种重要空白票据和结算凭证；
8. 按照《人民币银行结算账户管理办法》的规定及时办理开户资料的变更手续或者账

户的撤销；

9. 甲方自行承担因违反人民银行的有关规定和未正确履行上述义务造成的资金损失。

三、乙方的义务

1. 及时准确办理支付结算业务；

2. 依法保障甲方的资金安全；

3. 依法为甲方的银行结算账户信息保密；

4. 及时与甲方核对账务；

5. 因违反上述义务给甲方造成损失的，按照人民银行有关规定及有关法律规承担责任。

四、乙方在为甲方办理销户手续后，双方的权利义务关系解除。

五、在合同履行过程中发生争议，可以通过协商解决；协商不成的，按以下第________种方式解决：(一)向乙方所在地人民法院起诉；(二)提交________仲裁委员会(仲裁地点为________________________)，按照申请仲裁时该会现行有效的仲裁规则进行仲裁。仲裁裁决是终局的，对双方均有约束力。在诉讼或仲裁期间。本协议不涉及争议部分的条款仍须履行。

六、本协议经甲方法定代表人(负责人)或授权代理人签字并加盖公章及乙方负责人或授权代理人签字并加盖公章后生效。按照有关规定账户开立需要人民银行核准的，本协议经甲方法定代表人(负责人)或授权代理人签字并加盖公章及乙方负责人或授权代理人签字并加盖公章且经人民银行核准后生效。

<table>
<tr><td>甲　方(公章)
法定代表人(负责人)
或授权代理人(签字)
年　月　日</td><td>乙　方(公章)
负责人
或授权代理人(签字)
年　月　日</td></tr>
</table>

【格式二】

正面：

开户申请书

××银行××分行

开户申请书——单位开户申请书

<table>
<tr><td>申请开户单位名称</td><td></td><td colspan="2">申请开立账户名称(全称)</td><td></td></tr>
<tr><td>单位性质及级别</td><td></td><td colspan="2">工商管理局批准文号</td><td></td></tr>
<tr><td>地址</td><td></td><td colspan="2">电话</td><td></td></tr>
<tr><td>上级主管单位</td><td></td><td colspan="2">电话</td><td></td></tr>
<tr><td colspan="2">申请单位盖章
(正式公章及负责人章)
____年____月____日</td><td colspan="3">上级主管单位意见：
(盖章)
____年____月____日</td></tr>
<tr><td colspan="2" rowspan="4">银行调查意见</td><td>科目归属</td><td colspan="2"></td></tr>
<tr><td>账号</td><td colspan="2"></td></tr>
<tr><td>支票或存折户</td><td colspan="2"></td></tr>
<tr><td>是否计息</td><td colspan="2"></td></tr>
<tr><td colspan="5">审批意见：</td></tr>
</table>

背面：

开户申请书——账户基本情况

资金来源	
资金运用	
生产、经营范围	
商品原料来源	
主要产品	
销售方式和范围	
利润和亏损	
专用基金	
财务管理	
现金	
库存限额	
发薪日期	
职工人数	
附属单位	
外地采购	
外地单位往来	

单元二 借款申请书

一、借款申请书的概念

借款申请书是个人、集体或单位向银行或其他单位提出借款请求时所用的一种文书。

借款申请书具有如下特点：

（一）请求借款的特性

借款申请书属于请求借到款项的一种文书。

（二）“上行”的行文方式

借款申请书是求助于人的，所以，在语言的选择和使用上，均需要符合上行文的标准。

（三）内容的单纯性

借款申请书一般是就借款一事而写的，内容单纯、主旨明确，便于对方了解情况并做出答复。

借款申请书按借款人的不同，一般可以分为单位借款申请书和个人借款申请书两种。

二、借款申请书的写作要点

借款申请书一般由标题、称呼、正文、结语、落款和附件六个部分构成。

(一) 标题

借款申请书标题的写法一般有以下两种形式：

(1) 单独以文种名称作为标题，即“借款申请书”。

(2) 根据借款人的不同可以写为“个人借款申请书”“单位借款申请书”或“××单位借款申请书”等。

(二) 称呼

在开头处顶格写，写明接收该申请书的单位名称或银行、单位领导，然后加冒号，如“中国农业发展银行××市分行”或“中国农业发展银行××市分行领导”，“××市××小额贷款有限公司”或“××市××小额贷款有限公司领导”，如果称呼是领导时，也可以写为“尊敬的××领导”，以示礼貌。

(三) 正文

申请书的正文包括以下三项内容：

1. 需要申请借款的事实

介绍申请者的基本信息后，就表明要借款的事项，不能含糊其辞。

2. 申请理由

说明借款的目的、意义和借款后的做法等。

3. 表明决心

进一步表明自己的态度和决心，以便于对方进一步确定。注意这部分应写得诚恳而又有分寸，语言要朴实准确、简洁明了。

(四) 结语

借款申请书可以有结语，也可以没有。如果写结语的话，一般可以写上“特此申请”“请予批复为祈”“望贵行给予我公司贷款支持，帮助我公司实现新的发展”等。

(五) 落款

在结尾的右下方署上申请人名称，在署名下一行写上日期。

(六) 附件

为了申请到款项，如有必要可以附上单位或个人的基本资料和财务、经营等情况。

三、借款申请书的写作原则

(1) 内容要真实，不可弄虚作假，不能夸大其词。

(2) 文字要朴实，感情要真实。

(3) 要围绕借款其事，切忌东拉西扯。

【案例一】

借款申请书

尊敬的贵行领导：

河南省校用设备有限公司成立于2001年1月1日，注册资金500万元，位于郑州市高新技术开发区，占地近30万平方米，经营范围：校用设备的生产和销售、原木材的加工和销售，本企业自产产品的出口业务和本企业所需的机械设备、零配件、原辅料的进口业务等。企业法人代表王秋生，现年36岁，企业现有职工200余人，其中高级技术职称140余人，拥有冲压、焊接、酸洗磷化、喷塑校用设备生产流水线与旋板、制胶、热压、高频热压木材加工流水线。公司系省教育厅确定的“教学设备定点生产企业”。本公司经营稳健，具有先进的经营理念和较高的管理水平。

本公司成立10年来，企业销售收入逐年攀升，年均销售收入300万元(不含税)，实现净利润220万元，上缴利税80万元；目前本公司总资产为800万元，其中固定资产500余万元，无形资产200余万元。截至目前，我公司今年共签订合同10余份，合同金额为700余万元。

本公司在发展过程中，积极调整经营策略，注重销售市场的开发与维护。2008年已经实现100%的订单化经营，完全摆脱了盲目收购的被动经营局面。生产中严把质量关，以优质的产品赢得了众多客户。近年来，教学椅客户由国家大中专院校逐步向中小学，特别是国家的义务教育工程量特别大，比较适合针对性地做专业生产。

我公司按照《公司法》建立现代企业管理制度，目前现代化企业构架已经形成。注重诚信建设、技术进步、制度创新。多年来管理完善，在市场价格忽高忽低的情况下，始终在稳步前进，在经营过程中严把销售关，密切关注市场行情，灵活经营，再加上风险意识很强，诚心度高，多年来生意蒸蒸日上，越做越大。本公司的生产经营已进入一个良好的循环状态，资金运营正常，管理过程有序，发展稳步持续，现已具备了良好的获利能力。

本公司贷款用于补充流动资金，收购原料。还款来源为销售回笼资金。我们相信，在贵行的支持下，我公司将会继续做大做强，成为校用设备与木业加工行业领头军。因此，要继续抓住机遇，扩大商机，就需要扩大再生产。这需要强有力的资金保证做后盾，就需要金融部门的大力支持，本公司现有流动资金100余万元，欠缺资金需贷款100万元，作为补充流动资金，期限为1年，望贵行给予批准。

由于公司经营状况良好，管理能力较强，营运能力和盈利能力较强，信誉度高，发展前景可观，为了扩大经营规模，做大做强企业，但企业流动资金不足，现向贵行申请贷款作为流动资金短期贷款，由于公司经营项目好，效益可佳，具有充足的销售收入和现金流入，公司承诺，一定用公司的销售收入和现金流入按期偿还贵行贷款和利息，以此保证贵行贷款的安全性。

特此申请

河南省校用设备有限公司

企业法人：王秋生

××年×月×日

【案例二】

个人借款申请书

申请人姓名：张三，性别：男，婚否：已婚，出生日期：1976年1月1日，现住家庭住址：河南省辉县市西关××号。

本人是××公司职工，现任生产经理职务，月工资收入(《收入证明》上所有收入总和)3 000元，无其他兼职收入。配偶李四，出生于1976年2月1日，在辉县市××(工作单位名称)工作，任销售主管职务，月工资收入(《收入证明》上所有收入总和)3 000元。申请人欲购买××(开发商名称)预售的一套三居室普通商品住房，座落于本市××(楼盘地址)，建筑面积150平方米，单价1 900元/建筑平方米，总房价款为285 000元。本人已签订正式预售合同，并已支付定金和首付款共计85 000元，余款200 000元未付。

本人现申请办理公积金委托贷款手续，拟借款贰拾万元整，偿还期10年。

特此申请

申请人：张三

××年×月×日

单元三 审计计划

一、审计计划的概念

审计工作计划

所谓审计计划是指注册会计师为了完成各项审计业务，达到预期的审计目标，在具体执行审计程序之前编制的工作计划。审计计划通常可分为总体审计计划和具体审计计划两类。

(一) 总体审计计划

总体审计计划是对审计的预期范围和实施方式所做的规划，是注册会计师从接受审计委托到出具审计报告整个过程基本工作内容的综合计划。

总体审计计划的基本内容包括：

(1) 被审计单位的基本情况。

(2) 审计目的、审计范围及审计策略。

(3) 重要会计问题及重点审计领域。

(4) 审计工作进度及时间、费用预算。

时间、费用在新准则里换了个新名词叫审计资源，注册会计师必须明白审计资源是多少、如何分配这些审计资源等，当然，审计资源还包括审计人员。

(5) 审计小组组成及人员分工。

(6) 审计重要性的确定及风险的评估。

审计风险包括客观风险和主观风险。客观风险与审计证据数量同向变动，主观风险与审计证据数量是反向关系。

(7) 对专家、内审人员及其他注册会计师工作的利用。

(8) 其他有关内容。

（二）具体审计计划

具体审计计划是依据总体审计计划制定的，是对实施总体审计计划所需要的审计程序的性质、时间和范围所做的详细规划与说明，它一般是通过编制审计程序表的方式体现的。

具体审计计划的基本内容包括：

（1）审计目标；

（2）审计程序；

（3）执行人及执行日期；

（4）审计工作底稿的索引；

（5）其他有关内容。

二、审计计划的编制原则

（1）审计计划应当贯彻于审计全过程；

（2）项目负责人和项目组其他关键成员应当参与审计计划工作；

（3）在编制审计计划时应当了解被审计单位的情况，确定可能会影响会计报表的重要事项；

（4）编制审计计划时，注册会计师应对审计重要性、审计风险进行适当评估；

（5）审计计划的简繁程度取决于被审计单位的经营规模和预定审计工作的复杂程度。

三、审计计划的审核

（一）总体审计计划的审核事项

（1）审计目的、审计范围及重点审计领域的确定是否恰当；

（2）时间预算是否合理；

（3）审计小组成员的选派和分工是否恰当；

（4）对被审计单位的内部控制制度的信赖程度是否恰当；

（5）对专家、内审人员及其他注册会计师工作的利用是否恰当。

（二）具体审计计划的审核事项

（1）审计程序能否达到审计目标；

（2）审计程序是否适合各审计项目的具体情况；

（3）重点审计领域中各审计项目的审计程序是否恰当；

（4）重点审计程序的制定是否恰当。

四、审计计划的功能

（一）为审计人员和审计工作明确方向

现代社会的迅速发展，使审计面临和从事的工作越来越复杂。要切实解决审计面临的问题和所从事的工作，就必须协调各个方面，调动各种资源，使所有审计人员齐心协力完成成工作。一份良好的审计计划为审计人员制定了统一目标，使所有审计人员凝聚所有资源朝着一个方向，共同努力来完成同一个任务，从而减少内耗，缩短时间，降低审计成本，促进审计任务的顺利实现。

（二）减少重复审计工作

审计力量不足一直是当前政府审计所面临的主要问题之一。随着经济社会的发展，政府审计的任务越来越重，审计队伍的数量和结构与所承担审计任务之间的矛盾越来越突出，审计方法和手段与完成审计任务的要求不匹配，无法适应被审计单位的运行状况和审计实践的发展。因此，审计计划能够在审计项目实施前统一协调各种力量和资源，减少重复审计工作，从而节省审计资源，促进提高审计工作效率。

（三）减少未来不确定因素的负面影响

社会在不断地发展，审计也在不停地发展。无论是审计组织的外部环境因素还是审计组织内部因素，在未来的发展中都具有一定的不确定性和变化性。审计计划是面向未来的，能够通过周密细致的研究，系统运用各种科学方法手段来预测审计未来的发展变化，尽可能将审计未来的变化和不确定因素转化为确定因素。通过审计计划，将各种不利因素转化为有利因素，减少未来不确定因素的负面影响，促进审计工作的顺利进行，确保审计目标的实现。

（四）为审计考核工作提供前提条件

任何一项工作之后都要进行考核，为激励、组织和领导等工作提供前提条件。科学系统的考核工作需要一个科学合理的基础。审计计划能够为审计考核工作提供一个合理前提，也只有审计计划才能作为审计考核的基础，才能促使审计激励工作取得最大的效果。

（五）为审计控制工作提供标准

任何一项工作在进行过程中都有可能因种种客观或主观原因而出现偏差，影响工作任务的完成。因此，要随时对审计过程进行检查，加强审计项目过程的控制，促使审计目标的顺利实现。要进行审计控制就需要一个控制标准，否则管理人员就无法实施控制。审计计划是审计控制的基础，为审计项目控制提供了控制标准。

（六）提高审计效率和社会效益

审计计划能够通过各种科学技术方法来制定和选择科学详细的项目方案，能够用科学决策代替经验判断，能够统筹安排审计资源，能够有针对性地根据经济社会发展来科学安排审计项目等等。这些都能够有力促进审计效率的提高，充分发挥“经济卫士”和“经济谋士”的功能，从而促进社会效益的提高，促进经济社会的和谐发展。

【案例】

企业审计计划书

一、评审会计报表的内部制度

（一）调查了解并描述报表编制的内控制度

1. 调查了解会计报表编制的岗位责任控制情况。即看各环节的工作质量要求是否明确，各岗位的工作范围是否明确，各岗位之间的制约和配合关系是否协调。

2. 调查了解会计报表编制程序控制情况。主要了解有无制定结账日程表和结账程序以及对结账质量的控制情况；了解企业的对账制度，看有无定期地进行账证、账户、账表的核对；了解企业的试算平衡控制情况，向企业索取“总分类账户本期发生额及余额试算平衡表”和“明细分类账户本期发生额及余额明细表”，并与有关账户进行核对，检查其试算平衡工作的正确性。

3. 调查了解内部会计稽核控制情况。主要调查了解企业有无对报表编制的审核和检查制度。

（二）验证企业报表编制程序的执行情况

1. 通过查询或实地观察，了解报表编制各环节责任的落实和遵守情况，评价各环节运行是否合理，各项控制制度是否得到有效执行。

2. 运用抽查法检查报表编制的准备工作是否充分有效，重点检查结账、对账、试算平衡和财产清查的工作质量。

3. 抽查部分报表，初步审查报表编制工作质量，以便了解会计人员对报表编制原理和编制方法的掌握情况。

（三）对财务报表内控制度进行评价（略）

二、审查财务报表编制的正确性

（一）审查资产负债表编制的正确性

1. 审阅资产负债表的内容，看其是否具备了资产负债表的全部要素。

2. 审查资产负债表的项目排列与分类是否恰当。

3. 核对资产负债表项目与有关资产、负债、所有者权益账户的一致性。

4. 核对报表中小计、合计项目的计算。

（二）审查损益表编制的正确性

1. 审阅损益表的构成要素，看其是否完整。

2. 审阅损益表的项目与格式，看其项目排列是否恰当。

3. 核对损益表项目与有关成本费用账户的一致性。

4. 复核损益表中利润的计算是否正确。

5. 审查利润分配表项目的真实性。

6. 核对利润分配表与损益表有关项目的一致性。

（三）审查现金流量表编制的正确性

1. 审查现金流量表的外观形式，看其内容是否完整，结构是否符合要求。

2. 索取现金流量表编制的工作底稿，并审查下列内容：与资产负债表核对有关项目资料来源的正确性；与损益表核对有关项目资料来源的正确性；与相关账户的余额或发生额核对有关项目资料来源的正确性。

3. 对照账户检查经营活动现金流量（直接法）的正确性，主要核对以下内容。

（1）核对产品销售收入、其他业务收入、应交账款、应收票据等账户，看销售商品或提供劳务收到的现金项目编制的正确性。

（2）核对投资收益账户，看投资的现金收益项目编制的正确性。

（3）核对应交税金、应收增值税（进项税额）账户，看实际收到的增值税项目编制的正确性。

(4) 核对材料采购、应付账款、应付票据等账户,看购买货物支付的现金项目编制的正确性。

(5) 核对财务费用账户,看支付借款利息项目的正确性。

(6) 核对应交税金,看缴纳税款项目编制的正确性。

(7) 核对应付工资账户,看支付员工工资项目编制的正确性。

(8) 核对管理费用、制造费用账户,看其他现金支出项目编制的正确性。

4. 对照长期投资、固定资产账户和发行股票的文件,看发行股票在收到的现金基础上项目编制的正确性。

5. 对照账户和其他有关文件,检查筹资活动所产生的现金流量项目编制的正确性。具体检查如下内容:核对股本、股票溢价账户和发行股票的文件,看发行股票收到的现金项目编制的正确性;核对应付债券账户和债券发行文件,看发行债券收到的现金项目编制的正确性;核对短期借款、长期借款账户,看向其他企业借款收到的现金项目编制的正确性;对照应付股利账户,看支付股利付出的现金项目编制的正确性;对照短期借款、长期借款账户,检查偿还债务付出的现金项目编制的正确性;对照财务费用账户,检查筹资费用项目编制的正确性;对照长期应付账款账户,检查融资租赁固定资产所支付的租赁费项目编制的正确性。

6. 对照账户审核非常项目产生现金流量的正确性;核对资本公积金账户,看捐赠现金收入的正确性;核对营业外支出账户,看捐赠支出和罚款现金支出的正确性。

7. 核对财务费用账户,审查汇率折算差额的正确性。

8. 复核报表项目计算的正确性。

9. 索取或编制一张现金流量表补充资料明细表,并对照账户,审查其内容的正确性。

10. 对照账户,审查经营活动产生的现金净额(间接法)有关项目编制的正确性。

主要审查以下内容:

(1) 对照累计折旧账户,审查计提累计折旧项目的正确性。

(2) 对照待摊费用账户,审查待摊费用减少计算的正确性。

(3) 对照应收票据账户,审查应收票据减少计算的正确性。

(4) 对照应收账款账户和坏账准备账户,审查应收账款净额减少的正确性;对照无形资产账户和递延资产账户,审查无形资产及递延资产减少的正确性。

(5) 对照材料、在产品、产成品等与存货相关的账户,审查存货减少项目的正确性。

(6) 对照预提费用账户,审查预提费用增加计算的正确性。

(7) 对照应付账款账户,审查应付账款增加计算的正确性。

(8) 对照应付票据账户,审查应付票据增加计算的正确性。

(9) 对照固定资产清理账户,审查固定资产报废损失计算的正确性。

(10) 对照固定资产清理、长期投资、无形资产、其他业务收入、投资收益等账户,审查出售长期资产损益计算的正确性。

(11) 对照财务费用账户,审查长期借款利息计算的正确性。

(12) 对照应交税金、应交增值税账户,审查增值税收缴净额计算的正确性。

三、审查会计原则的遵守情况

(一) 索取会计政策说明书

（二）抽查与会计政策有关业务的会计处理，以验证会计原则的遵守情况

1. 检查折旧方法、存货计价方法，看其是否遵守了一致性原则，并调查其变化的理由。

2. 检查长期投资、固定资产、应付债券等有关资产和负债项目，看其是否遵循了实际成本原则。

3. 检查并评价坏账准备的计提、折旧方法的使用及应收票据贴现数的情况等，评价其对稳健原则的遵守情况。

4. 检查一年内到期的长期投资和长期负债的列示以及其他对当期财务状况发生重要影响的项目，评价其对重要性原则的遵守情况。

（三）评价会计原则变更的影响

对于会计原则发生变更的，要计算其对资产、负债、损益所产生的影响，并检查其在报表附注说明项目中是否得到正确反映。

四、对有关问题进行必要的调整

对项目审计中发现的与会计准则不符的事项需要进行调整。收集各项目审计的工作底稿，将需要调整的项目进行调整。

五、对会计报表进行分析性复核

（一）计算或验证下述反映企业偿债能力、营运能力和盈利能力的指标

资产负债率、流动比率、速动比率、应收账款周转率、存货周转率、资本金利润率、销售利润率、成本费用利润率。

（二）将上述指标与上期数字进行对比，分析其增减变化的趋势，对异常变化进行重点检查和核实。

（三）写出分析性复核的结果，为确定实质性测试的重点和范围提供依据。

六、审阅报表附注与说明

（一）调查和了解会计报表附注与说明的内容

（二）索取有关部门对会计变更事项的审批文件

（三）审阅报表附注与说明事项有关的会计核算和其他资料，以验证所说明事项的真实性

（四）审阅附注与说明事项的处理是否符合会计准则，评价其对企业财务状况的影响

（五）审查存货计价方法、固定资产折旧方法、长期合同中会计方法的变更，看其是否进行了说明

七、审阅报表的揭示与表达方式

（一）审阅会计报表的揭示是否按现行有效的会计制度所规定的项目进行反应，企业有无合并或少列有关项目

（二）审查会计报表的格式是否为规定的格式，企业有无调整

（三）审核报表的编制是否符合编制原则，如报表各项目的计算和相互勾稽关系是否正确等

八、审查外币报表的换算

（一）索取一份外币报表与换算报表

（二）评价其功能性货币选用的合理性

（三）索取外币报表换算工作底稿

（四）复核资产负债表各项目使用汇率是否合理及换算金额的正确性

1. 资产负债类项目是否按决算日市场汇率折算。

2. 所有者权益项目(除未分配利润)是否按历史汇率折算。

3. 将来分配利润项目与折算后的利润分析表项目相核对。

4. 复核折算差额计算的正确性与报表列示的正确性。

5. 核对年初数与上年折算数的一致性。

（五）复核损益表与利润分配表各项目折算的正确性

1. 复核发生额的项目是否按平均汇率折算。

2. 复核发生额项目以决算日汇率折算的是否在附注中说明。

3. 复核平均汇率计算的正确性及计算方法的一致性。

4. 核对利润分配表中净利润与损益表中该项目的一致性。

5. 核对利润分配表中未分配利润项目是否按其他项目计算列示。

6. 复核利润分配表中未分配利润项目是否按其他项目计算列示。

（六）复核现金流量表项目折算的正确性

1. 检查有关增减长期负债、增减长期投资以及增减固定资产、递延资产和无形资产的项目,是否按决算日汇率进行折算。

2. 检查有关资本的净增加额项目,是否按发生时的汇率进行折算。

3. 核对其他项目与折算后的其他报表的一致性。

4. 核对流动资金来源和运用栏内流动资金增加净额项目与流动资金各项目的变动栏内该项目的一致性。

5. 检查外币折算差额是否单独列示,并核对其金额计算的正确性。

（七）审阅外币折算报表的表述。

1. 审阅外币折算报表是否按我国会计准则要求进行表述。

2. 审阅外币折算报表项目与母公司会计报表项目的一致性。

九、审查合并报表

（一）调查了解合并报表编制的基础

1. 审核合并范围(纳入合并报表的条件)。

2. 审核合并报表内容(种类)。

3. 审核子公司提供资料的完整性。包括子公司会计政策差异、母子公司往来业务、债权债务、投资资料、子公司利润分配、股权变动资料。

4. 审核母子公司决算日和会计期间的一致性。

5. 审核母子公司之间会计政策的一致性。

6. 审核母公司对子公司投资的会计核算(包括核算方法、子公司由于损益以外的原因所引起的权益变化的处理)。

（二）索取或编制合并报表数据汇总表(或合并报表工作底稿)

（三）对照检查汇总表(工作底稿)中有关数据与所属单位财务报表数据的一致性

（四）审查合并资产负债表调整项目的正确性

1. 审查母公司与子公司权益性资本投资项目的数额与子公司所有者权益中母公司所持有的份额的抵销,并审查合并差价列示的正确性。

2. 审查母子公司间债权与债务项目的相互抵销,包括应收、应付、预收、预付和内部持有债券。

3. 审查坏账准备的数额是否进行了调整。

4. 审查由于内部销售所产生的未实现内部销售利润是否在固定资产项目中进行了抵销,并与合并损益表相核对。

5. 审核合并报表中少数股权是否正确列示,并将金额与子公司会计记录相核对。

6. 核对所有者权益中未分配利润项目的数额与合并利润分配表中该项目的一致性。

(五) 审查合并损益表调整项目的正确性

1. 审查内部销售商品已实现对外销售部分,是否对营业收入和营业成本项目进行了抵销。

2. 审查上期存货包含的内部销售未实现利润是否在年末未分配利润和营业成本中进行了抵销。

3. 审查集团内部固定资产交易所产生的未实现内部部分销售的抵销。

4. 审查母公司与子公司及子公司相互之间持有对方债券所发生的投资收益是否与其相应的利息支出相互抵销。

5. 审查母公司与子公司权益性资本投资收益是否进行了抵销。

6. 核对少数股东本期损益是否为子公司净利润项目扣除母公司投资收益的余额。

7. 核对净利润计算的准确性。

(六) 审查合并利润分配表抵销项目的正确性

1. 审查全资子公司利润分配项目的抵销

子公司利润分配表中的年初未分配利润项目、子公司资产负债表中实收资本项目、资本公积项目、盈余公积项目和母公司报表中投资收益项目与母公司对子公司权益性投资项目、子公司利润分配表中提取盈余公积项目、应付利润项目是否进行了正确的抵销。

2. 审查非全资子公司利润分配项目的抵销

审查是否将子公司利润分配表中年初未分配利润项目,子公司资产负债表中实收资本、资本公积、盈余公积项目与母公司损益表中投资收益项目、少数股东权益项目,子公司利润分配表中提取盈余公积项目、应付项目进行了正确的抵销。

3. 审查合并利润分配表抵销产生的合并差价的计算与处理。

(七) 审查合并财务状况变动表的编制

1. 审查合并现金流量表的编制基础是否为合并资产负债表和合并损益表。

2. 复核少数股东本期损益是否作为流动资金来源处理。

3. 复核少数股东增加对子公司的投资是否作为流动奖金来源处理。

4. 复核子公司将利润分配给少数股东是否作为流动资金来源处理。

(八) 检查合并报表汇总计算的正确性

(九) 审核合并报表附注内容的完整性和真实性

十、审查期后事项

（一）比较被审财务报表与最近财务报表，看有无重大变化的项目

（二）向管理部门查询资产负债表日至审计日间有无重大经营活动和重要的经营环境的变化，重点调查有无下列（非调整）事项及是否对其进行了披露：股票和债券的发行；企业合并或购买控制权；自然灾害导致的资产损失；外汇汇率变动；开展新的经营或活动、扩大原有经营范围等。

（三）通过审查资产负债表日后的有关账目、财务报表和查询资产负债表日至审计日止的资本、长期负债、营运资金等有无重大变动，重点调查有无下列（调整）事项及是否对其进行了调整：已被证实的某项资产价值的损失或永久性减值；处于协商中的债务重整事项已达成协议；宣告分配股利；发现在资产负债表日或之前发生的错误或舞弊行为；由于税法变动，改变了对资产负债表日以及之前的收益适用的税率；发现资产负债表日前某些事项的会计错误；销货退回；产品验收不合格；资产负债表日后发生的企业的一部分已不再持续经营的业务等。

（四）向管理部门查询报表日后会计估计或判断基础有无重大变动

（五）结合账户余额审计查询报表日后账上有无异常调整事项

（六）向审计单位律师查询有关诉讼、赔偿情况

（七）向税务机关查询被审计单位的税务缴纳和税务纠纷情况学

单元四　审计工作底稿

一、审计工作底稿的概念

审计工作底稿

审计工作底稿，是指注册会计师对制定的审计计划、实施的审计程序、获取的相关审计证据，以及得出的审计结论所做的记录。审计工作底稿是注册会计师审计术语之一，是审计证据的载体，是注册会计师在审计过程中形成的审计工作记录和获取的资料。它形成于审计过程，也反映整个审计过程，可作为审计过程和结果的书面证明，也是形成审计结论的依据。

对于这一含义可以从以下三方面来理解：

（一）审计工作底稿形成于审计工作全过程

从承接审计业务开始，历经计划阶段、实施阶段、完成阶段，到完成全部约定事项签发审计报告为止，任何一个过程中都会形成一系列的审计工作底稿。具体地讲包括：在审计计划阶段获得有关被审计单位基本状况的资料、营业执照、政府批文、合同章程和协议、董事会会议纪要等，由注册会计师自行获得编制的调查表、审计风险与重要性评价初步评估资料、审计计划、审计程序表、分析性测试表以及由双方共同签订的审计业务约定书等等；在审计实施阶段针对内控制度进行符合性测试的程序和结果资料，针对交易和金额进行实质性测试的询证函、项目明细表、实物资产盘点表或调节表、分析性测试表、项目差异调整表、调整分录汇总表、试算平衡表、重分类分录汇总表、项目审定表等等，在完成审计工作阶段形成或获取的期后事项审核表、管理当局声明书、律师声明书、审计报

告、已审会计报表等等。

(二) 审计工作底稿的形成渠道有两种

审计工作底稿可以由注册会计师根据有关资料进行计算、判断以后编制，也可以由被审计单位或其他第三者提供并经过注册会计师亲自审核后直接形成。

(三) 审计工作底稿的记录内容应全面反映审计工作过程

注册会计师应在不同审计阶段中形成审计工作底稿，那么这些底稿如果予以系列化，就应该能反映出审计思路和审计轨迹，使人们通过审计工作底稿能够看到：审计工作经历哪些环节，某个环节上注册会计师从哪些方面进行测试，被测试事项的实际面貌如何，注册会计师如何发表意见，等等。

二、审计工作底稿的分类

审计工作底稿一般分为综合类工作底稿、业务类工作底稿和备查类工作底稿。

(一) 综合类工作底稿

综合类工作底稿指注册会计师在审计计划阶段和审计报告阶段，为规划、控制和总结整个审计工作并发表审计意见所形成的审计工作底稿。主要包括：审计业务约定书、审计计划、审计总结、未审会计报表、试算平衡表、审计差异调整汇总表、审计报告、管理建议书、被审计单位管理当局声明书，以及注册会计师对整个审计工作进行组织管理的所有记录和资料。

(二) 业务类工作底稿

业务类工作底稿指注册会计师在审计实施阶段为执行具体审计程序所形成的审计工作底稿。包括：符合性测试中形成的内部控制问题调查表和流程图、实质性测试中形成的项目明细表、资产盘点表或调节表、询证函、分析性测试表、计价测试记录、截止测试记录，等等。

(三) 备查类工作底稿

备查类工作底稿指注册会计师在审计过程中形成的、对审计工作仅具有备查作用的审计工作底稿。主要包括：被审计单位的设立批准证书、营业执照、合营合同、协议、章程、组织机构及管理人员结构图、董事会会议纪要、重要经济合同、相关内部控制制度、验资报告的复印件或摘录。备查类审计工作底稿随被审计单位有关情况的变化而不断更新，应详细列明目录清单，并将更新的文件资料随时归档。注册会计师在将上述资料归为备查类工作底稿的同时，还应根据需要，将其中与具体审计项目有关的内容复印、摘录、综合后归入业务类审计工作底稿的具体审计项目之后。通常，备查类审计工作底稿是由被审计单位或第三者根据实际情况提供或代为编制，因此，注册会计师应认真审核，并对所取得的有关文件、资料标明其具体来源。

三、审计工作底稿的作用

在审计过程中，注册会计师需要大量地编制或取得审计工作底稿，使得审计工作底稿成为注册会计师审计业务中最为普遍的专业工具，促进审计工作向科学化、规范化方向发展。

审计工作底稿在审计中的作用主要表现在以下五个方面：

（一）审计工作底稿是联结全部审计工作的纽带

审计工作经常由多个注册会计师进行，他们之间存在不同的分工协作。审计工作在不同阶段有不同的测试程序和实现目标。审计工作底稿可以把不同人员的审计结果、不同阶段的审计结果有机地联系起来，使得各项工作都围绕对会计报表发表意见这一总体目标来进行。

（二）审计工作底稿是形成审计结论、发表审计意见的依据

审计工作底稿是审计证据的载体，它不但记录了审计证据本身的反映内容，而且记载了注册会计师对审计证据的评价分析情况以及得出的审计结论。这些审计证据和注册会计师的专业判断是形成审计结论、发表审计意见的直接依据。

（三）审计工作底稿是评价审计责任、专业胜任能力和工作业绩的依据

评价审计责任通常是评价注册会计师对审计报告所负的真实性和合法性责任。如果注册会计师严格依据独立审计准则进行审计，据实发表意见，并把这些情况记录于审计工作底稿上，那么在任何时候依据审计工作底稿进行评价都有利于解脱或减除审计责任。注册会计师专业能力的强弱、工作业绩的好坏表现在选择何种程序、有无科学的计划、专业判断是否恰当等方面。这些因素可以通过评价审计工作底稿来体现和衡量。

（四）审计工作底稿为审计质量控制与质量检查提供了基础依据

开展审计质量控制通常是由会计师事务所为确保审计质量符合独立审计准则的要求而制定和运用的控制政策和程序，主要包括指导和监督注册会计师选择实施审计程序，编制审计工作底稿，并对审计工作底稿进行复核。换言之，审计工作底稿既可以作为审计质量控制的对象，又可以作为审计质量控制的依据。审计质量检查通常是由注册会计师协会或其他有关单位组织进行，其核心工作就是对审计工作底稿规范程度的检查。因此，离开审计工作底稿，审计质量检查就会成为无本之木，无源之水。

（五）审计工作底稿具有参考价值

由于审计工作有很密切的联系性和连续性，前一年度的审计情况经常可以作为后一个年度开展审计业务的参考、借鉴；另外，前任注册会计师审计业务也可以作为后任注册会计师开展审计业务的参考、备查。这些参考、借鉴和备查作用往往是通过调阅审计工作底稿而得以实现的。因此，审计准则不仅要求注册会计师要认真编制和复核审计工作底稿，也要求注册会计师必须妥善保管审计工作底稿，建立与保管有关的保密、调阅等管理制度。

四、审计工作底稿的编制目的

注册会计师应当及时编制审计工作底稿，以实现下列目的：

（1）提供充分、适当的记录，作为审计报告的基础。

（2）提供证据，证明其按照中国注册会计师审计准则的规定执行了审计工作。

（3）有助于项目组成员对是否按照《中国注册会计师审计准则第 1121 号——历史财务信息审计的质量控制》的要求，履行其指导、监督与复核审计工作的责任进行监督。

（4）使项目组对其工作负责。

(5) 为以后的审计提供相关资料。

(6) 便于有经验的注册会计师根据《会计师事务所质量控制准则第 5101 号——业务质量控制》的规定实施质量控制复核与检查。

(7) 便于有经验的注册会计师根据适当的法律法规或其他要求实施外部检查。

五、审计工作底稿的内容

审计工作底稿通常包括:

(1) 总体审计策略;

(2) 具体审计计划;

(3) 分析表;

(4) 问题备忘录;

(5) 重大事项概要,包括审计过程中识别的重大事项及其如何得到解决,或对其他支持性审计工作底稿的交叉索引;

(6) 询证函回函;

(7) 管理层声明书;

(8) 核对表;

(9) 有关重大事项的往来信件(包括电子邮件);

(10) 对被审计单位文件记录的摘要或复印件。

此外,审计工作底稿通常还包括:业务约定书、管理建议书、项目组内部或项目组与被审计单位举行的会议记录、与其他人士(如其他注册会计师、律师、专家等)的沟通文件及错报汇总表等。

六、审计工作底稿的要素

一般来说,每张工作底稿必须同时包括以下基本内容:

(1) 被审计单位名称;

(2) 审计项目名称;

(3) 审计项目时间或期间;

(4) 审计过程记录;

(5) 审计结论;

(6) 审计标识及其说明;

(7) 索引号及页次;

(8) 编制者姓名及编制日期;

(9) 复核者姓名及复核日期;

(10) 其他应说明事项。

其中,审计过程主要记录以下事项:

(1) 记录特定项目或事项的识别特征;

(2) 重大事项(包括重大事项概要);

(3) 记录针对重大事项如何处理矛盾或不一致的情况;

(4) 其他准则中的相关记录要求;

(5) 审计标识及其说明。

在实务中,注册会计师也可以依据实际情况运用更多的审计标识:

Λ:纵加核对

<:横加核对

B:与上年结转数核对一致

T:与原始凭证核对一致

G:与总分类账核对一致

S:与明细账核对一致

T/B:与试算平衡表核对一致

C:已发询证函

C\:已收回询证函

七、编制审计工作底稿的总体要求

注册会计师编制的审计工作底稿,应当使得未曾接触该项审计工作的有经验的专业人士清楚地了解以下信息:

(1) 按照审计准则的规定实施的审计程序的性质、时间和范围;

(2) 实施审计程序的结果和获取的审计证据;

(3) 就重大事项得出的结论。

由于审计工作底稿不仅是形成审计结论的依据,而且是评价注册会计师业绩、控制和监督审计质量的基础,因此,对于审计工作底稿的编制不能认为只是工作底稿,就可以马马虎虎、草率从事,而必须认真对待,在内容上做到资料翔实、重点突出、繁简得当、结论明确;在形式上做到要素齐全、格式规范、标识一致、记录清晰。

八、审计工作底稿的编制

(一) 审计工作底稿的编制要求

审计工作底稿作为注册会计师在整个审计过程中形成的审计工作记录资料,在编制上应满足以下两个方面的要求:

其一,在内容上应做到资料翔实、重点突出、繁简得当、结论明确。

其二,在形式上应做到要素齐全、格式规范、标识一致、记录清晰。具体地讲包括:

1. 资料翔实

即记录在审计工作底稿上的各类资料来源要真实可靠,内容完整。

2. 重点突出

即审计工作底稿应力求反映对审计结论有重大影响的内容。

3. 繁简得当

即审计工作底稿应当根据记录内容的不同,对重要内容详细记录,对一般内容简单记录。

4. 结论明确

即按审计程序对审计项目实施审计后,注册会计师应在审计工作底稿中对该审计项目明确表达其最终的专业判断意见。

5. 要素齐全

即构成审计工作底稿的基本内容应全部包括在内。

6. 格式规范

即审计工作底稿所采用的格式应规范、简洁。虽然审计准则未对审计工作底稿格式做出规范设计，但有关审计工作底稿的执业规范指南给出了参考格式。

7. 标识一致

即审计符号的含义应前后一致，并明确反映在审计工作底稿上。

8. 记录清晰

即审计工作底稿上记录的内容要连贯，文字要端正，计算要准确。

（二）审计工作底稿的获取要求

大多数的备查类审计工作底稿都是由注册会计师向被审计单位或其他第三者直接索取的，或者由他们代为编制。对于这些工作底稿，注册会计师应做到以下要求：

（1）注明资料来源。

（2）实施必要的程序，对有关资料进行复核，以确认审计工作底稿与原资料的一致性。

（3）形成相应的审计记录。注册会计师在审阅核对以后，应形成相应的文字记录并签名，方能形成审计工作底稿。

（4）注明审计工作底稿之间的钩稽关系。审计工作底稿之间的钩稽关系通过交叉索引及备注说明来加以反映的。

九、审计工作底稿的基本格式

审计工作底稿基本格式

索引号： 金额单位： 共 页 第 页

<table>
<tr><td colspan="2">被审计单位名称</td><td colspan="4"></td></tr>
<tr><td colspan="2">审计事项</td><td colspan="4"></td></tr>
<tr><td colspan="2">实施审计期间或者截止日期</td><td colspan="4"></td></tr>
<tr><td>审计过程记录</td><td colspan="5"></td></tr>
<tr><td>审计结论或者审计查出问题摘要及其依据</td><td colspan="5"></td></tr>
<tr><td></td><td>审计人员</td><td></td><td>编制日期</td><td colspan="2"></td></tr>
<tr><td rowspan="2">复核意见</td><td colspan="5"></td></tr>
<tr><td>复核人员</td><td></td><td>复核日期</td><td colspan="2"></td></tr>
</table>

审计工作审查会计凭证记录

被审计单位：

年		凭证号	内容摘要	会计科目		金额	审批人及职务	存在问题	备注
月	日			借方	贷方				

审计人员：

年　月　日

财产物资账表账账核对表(一)

被审计单位：　　　　核对日期：　年　月　日

科目	报表金额	总账金额	报表金额与总账金额差额	原因

部门负责人：　　　　审计人员：　　　　年　月　日

财产物资账表账账核对表(二)

被审计单位：　　　　　　　　　　　　　　　　核对日期：　年　月　日

总账科目	总账金额	明细科目	明细账金额	总账金额与明细账金额差额	原因

部门负责人：　　　　　　　　　审计人员：　　　　　　　　　年　月　日

财产物资账表账账核对表(三)

被审计单位：　　　　　　　　　　　　　　　　核对日期：　年　月　日

明细科目	明细账金额	实物账金额	明细账金额与实物账金额差额	原因

部门负责人：　　　　　　　　　审计人员：　　　　　　　　　年　月　日

财产物资核对表——固定资产

被审计单位：　　　　　　　　　　　　　　　　　　　　　　　　　　年　　月　　日

财产物资项目	实物账存数量	盘点核对数量	差数	原因

使用部门或管理部门：　　　　　　　　　　负责人：　　　　　　　　　　审计人员：

财产物资核对表——库存物资(材料)

被审计单位：　　　　　　　　　　　　　　　　　　　　　　　　　　年　　月　　日

财产物资项目	实物账存数量	盘点核对数量	差数	原因

使用部门或管理部门：　　　　　　　　　　负责人：　　　　　　　　　　审计人员：

财产物资核对表——药品

被审计单位：　　　　　　　　　　　　　　　　　　　　年　月　日

财产物资项目	实物账存数量	盘点核对数量	差数	原因

使用部门或管理部门：　　　　　　　　负责人：　　　　　　　　审计人员：

审 计 证 据

被审计单位：

证据标题	
提供证据人： 年　月　日	被审计单位或部门签注意见并盖章： 年　月　日

取证人：　　　　　　　　　　　　　　　　　　　　　　　年　月　日

具体审计工作底稿

被审计单位：

审计事项		审计期间或截止日期	

审计人员： 年 月 日

分项审计工作底稿

被审计单位：

分项审计内容：
实施的审计程序：
审计结果(包括所承担项目的基本情况、审计评价及发现问题)：
审计建议：

审计部门负责人： 审计人员： 年 月 日

汇总审计工作底稿

被审计单位：

审计内容：
审计程序：
审计结论：
审计建议：

审计组长：　　　　　　　　　　　　　　　　　　年　　月　　日

库存现金盘点表

被审计单位：　　　　　　　　　　　　　　　　　　盘点日期：

现金清点情况	面额	张数	金额	面额	张数	金额	面额	张数	金额	面额	张数	金额
	100元			50元			20元			10元		
	5元			2元			1元					
	5角			2角			1角					
	5分			2分			1分					
	合计：											

项目		金额	备注
一、盘点日单位现金账余额			
二、加:已收现金未入账金额			
日期	内容摘要		

（续表）

三、减：已付现金未入账金额			
日期	内容摘要		
四、调整后现金账余额			
五、实点库存现金			
六、长款			
七、短款			
差数原因分析			

出纳人员：　　　　　　　　　　　　　　　　　　　　　　　　　　财务负责人：

银行存款余额调节表

被审计单位：

开户行及账号：　　　　　　　　　　　　　　　　　　　　核对日期：

编制人：　　　　　　　　　　　财务负责人：　　　　　　　审计人员：

银行对账单余额：						单位银行存款余额：				
年		摘要	凭证号	加：单位已收银行未收	减：单位已付银行未付	年		摘要	加：银行已收单位未收	减：银行已付单位未付
月	日					月	日			
		合计						合计		
调整后银行存款余额						调整后单位存款余额				

教学检测

1. 什么是银行开户申请书？如何撰写银行开户申请书？某公司需在中国农业银行开设一个一般存款账户。请你代为拟定一份开户申请书。

2. 什么是借款申请书？如何撰写借款申请书？甲公司现有一项投资项目，需要资金

2 000万元，其自有资金不足，需向银行借款1 000万元，期限5年，年利率不超过5%。请你代为拟定一份银行借款申请书。

3. 什么是审计计划？如何撰写审计计划？××会计师事务所接受甲公司委托，拟对其进行全面审计。请你代为拟定一份审计计划。

4. 什么是审计工作底稿？撰写审计工作底稿有哪些注意事项？

学习情境九

招、投标文书

知识要点

- ◆ 了解标书、招标书、投标书、中标通知书的概念和特点；
- ◆ 掌握标书、招标书、投标书、中标通知书的编制原则和编写格式要求。

核心概念

招标是指政府、单位或企业在兴建工程、合作经营某项业务或进行大宗商品交易时，先把有关要求和条件等对外公布，招人承包或承买，从中选择价格和条件最优者为中标人的经济活动。

招标书是用于招标活动的书面文件，是通过公开招标的办法聘请其他单位或个人协助办理的告知性文书。

投标是指意愿按招标书的要求和条件承包或进行交易的单位或企业报出价格，拟定详细方案，开列清单，向招标人投函的经济活动。

投标书亦称标函，是指投标者根据招标单位提出的招标条件，对自身的投标条件进行自我审核后，向招标单位提出自己投标意向的书面材料。

单元一　标　书

一、标书的概念

标书(bidding documents)是在投标者发出投标申请书，经招标单位的资格审查，准予参加投标后，按招标的要求向投标单位报送的文书。它是整个投标、投标活动的中心文书。

标书是招标工作时采购当事人都要遵守的具有法律效应且可执行的投标行为标准文件。标书由发包单位编制或委托设计单位编制，向投标者提供该工程(或货物、服务)的主要技术、质量、工期等要求的文件。

标书按标的物分为货物、工程、服务。根据具体的标的不同，可以进一步的细化，如工程类可进一步分为施工工程、装饰工程、道路工程、水利工程等，同类的标书因工程细化不同，则标书的内容差异也很大。货物、服务类标书也是一样。

二、标书的编制原则

（一）全面反映使用单位的需求

标书是招标单位根据自己的需求向投标单位发出的要求，因此，招标单位要全面反映使用单位的实际需求情况，组织使用单位进行设计，并由专家做好标书。

（二）科学合理

要求根据项目的实际情况、可行性报告、经济技术条件等确立相关标准，不能盲目地提高标准，以免造成经济损失。

三、标书的编写格式

表格式标书一般由以下三个部分组成：

（一）标书封面

包括招标单位名称、投标工程名称和负责人姓名以及标书投送时间。

（二）表头

包括标题、投标企业和其法人代表的双重签署及撰写时间等项。

（三）正表

应按照招标文件的要求写明各有关事项。

模版案例

标书模板

标书封面

（招标单位名称）：

现送上×××工程项目投标书正本一份，请审核。

投标单位：　　　　　　（章）

负责人（职务）：　　　　（章）

投标日期：　　年　　月　　日

标　书

投标企业（全称）：　　　　　　　　（章）

投标企业负责人：　　　　　　　　（章）　　　　　　年　　月　　日

投标工程	工程名称		建筑面积	
	建筑地点		结构类别	
	工程内容		设计图号	

（续表）

标价		总造价		
		直接费		
		施工管费		
		独立费		
		其他		
		材料差价		
开、竣工日期	开工	年　月　日	竣工	年　月　日
工程质量达到标准				
工程质量保证措施				
主要材料				
钢材				
木材				
水泥				
玻璃				
沥青				
说明				

单元二 招　标　书

招标书

一、招标书的概念

招标是国际上广泛采用的兴建工程或大宗商品进行交易时的一种公开竞争方式，是国际贸易中一种有效的采购方式，是招标单位在购买大批物资、发包建设工程项目或合作经营某项业务前，发表招标公告，通过公布的招标内容和条件，由多家投标者前来投标，最后由招标单位（或发包者）从中择优选定中标人的一种经济行为。

招标书也称为招标通知、招标公告、招标启事，是招标单位为了征召承包者或合作者而公布标的和条件，邀请投标人投标，利用投标人之间的竞争并在投标人中选择理想合作伙伴的一种实用性文书。

根据国家有关规定，招标活动应当分步进行。一般先由招标单位向有关主管部门报送招标申请书，经批准后，由招标单位编制标的和条件，然后再正式发布招标文书，通常以公告、通告、广告、通知或说明书、邀请书等形式出现。据此可见，招标书是一种概称，是包括诸如招标申请书、招标公告、招标通告、招标通知、招标邀请书和招标说明书等在内的文书组合。

二、招标书的类型

按时间划分，有长期招标书和短期招标书。

按招标的范围分，有面向企业内部、系统内部的招标书和面向全社会的公开招标书，或本地区招标书和外地区招标书、非竞争性招标书和排他性招标书等。

按计价方式分，有固定总价项目招标书、单价不变项目招标书和成本加酬金项目招标书等。

按性质和内容分，有工程建设招标书、大宗商品交易招标书、选聘企业经营者招标书、企业承包招标书、企业租赁招标书、劳务招标书、科研课题招标书、技术引进或转让招标书等。

三、招标书的特点

(一) 规范性

招标文书的制作过程和基本内容要符合《中华人民共和国招标投标法》的基本规定和要求。

(二) 公开性

这是由招标的性质决定的。招标都是本着公开、公平、公正的原则进行的，因为招标本来就是横向联系的经济活动，凡是投标者需要知道的内容、条件、要求和主要事项(标的除外)，都可以在招标书中公开说明和写清楚。中标结果也必须向所有投标者通报，整个过程具有公开性和透明性。

(三) 效益性

通过公开招标，让众多的投标人进行竞争，从而以最低或较低的价格获得最优的货物、工程或服务，取得最佳的经济效益。

(四) 紧迫性

因为招标单位或招标者只有在遇到难以解决的任务和问题时，才需要外界协助解决，而且要在短期内尽快解决，这就决定了招标书具有紧迫性的特点。

四、《中华人民共和国招标投标法》关于招标书的法律规定和要求

(1) 招标项目按照国家有关规定需要履行项目审批手续的，应当先履行审批手续，取得批准。招标人应当有进行招标项目的相应资金或者资金来源已经落实，并应当在招标文件中如实载明。

(2) 招标分为公开招标和邀请招标。公开招标，是指招标人以招标公告的方式邀请不特定的法人或者其他组织投标。邀请招标，是指招标人以投标邀请书的方式邀请特定的法人或者其他组织投标。

(3) 招标人有权自行选择招标代理机构，委托其办理招标事宜。任何单位和个人不得以任何方式为招标人指定招标代理机构。招标人具有编制招标文件和组织评标能力的，可以自行办理招标事宜。任何单位和个人不得强制其委托招标代理机构办理招标事宜。

(4) 招标代理机构应当具备能够编制招标文件和组织评标的相应专业力量。

(5) 招标人采用公开招标方式的，应当发布招标公告，依法必须进行招标项目的招标公告，应当通过国家指定的报刊、信息网络或者其他媒介发布。招标公告应当载明招标人的名称和地址，招标项目的性质、数量、实施地点和时间以及获取招标文件的办法等

事项。

(6) 招标人采用邀请招标的，应当向三个以上具备承担招标项目的能力、资信良好的法人或者其他组织，发出投标邀请书。

(7) 招标人可以根据招标项目本身的要求，在招标公告或者投标邀请书中，要求潜在投标人提供的有关资质证明文件和业绩情况，并对潜在的投标人进行资格审查；国家对投标人的资格条件有规定的，依照其规定。

(8) 招标人应当根据招标项目的特点和需要编制招标文件。招标文件应当包括招标项目的技术要求、对投标人资格审查的标准，投标报价要求和评标标准等所有实质性要求和条件以及拟签订合同的条款。国家对招标项目的技术、标准有规定的，招标人应当按照其规定在招标文件中提出相应要求。

招标项目需要划分标段、确定工期的，招标人应当合理划分标段、确定工期，并在招标文件中载明。

(9) 招标文件不得要求或者表明特定的生产供应者以及含有倾向或者排斥潜在投标人的其他内容。

(10) 招标人不得向他人透漏已获取招标文件的潜在投标人的名称、数量以及可能影响公平竞争的有关招标投标的其他情况。

(11) 招标人对已发出的招标文件进行必要的澄清或者修改的，应当在招标文件要求提交投标文件截止时间至少十五日前，以书面形式通知所有招标文件收受人。该澄清或者修改的内容为招标文件的组成部分。

(12) 招标人应当确定投标人编制投标文件所需要的合理时间；但是，依法必须进行招标的项目，自招标文件开始发出之日起至投标人提交投标文件截止之日至最短不得少于二十日。

五、招标书的写作要点

招标书的格式一般由标题、正文和落款三部分组成。

(一) 标题

标题一般由招标单位名称、招标项目内容和文种组成，如："河南科技学院第×届大学生科技节活动项目招标书"，也可以省略单位名称，如"×××工程招标书"，也可以把单位名称和招标项目都省去，只写"招标书"。如果是招标公司发布的招标广告，还应在标题右方写明编号，以便归档和查对。

(二) 正文

正文是招标书的核心部分，其主要内容包括：招标目的、招标依据、招标项目(包括规格、型号、数量)、招标范围、招标方法、招标时间等。通常，招标书的正文由前言、招标事项和招标程序三部分组成。

1. 前言

一般应写明招标单位名称、招标项目名称、招标范围、招标数量、招标目的等。其目的是让投标者清楚地知道，对这个项目是否有投标的可能或必要。

2. 招标事项

这一部分要求将招标事项的具体内容和各种要求，对中标者的责、权、利等内容要用准确的语言，明白无误的写清楚。招标事项的表达方式有条款式和表格式。

3. 招标程序

在这一部分中，要求写明招标的起止时间，发送招标文件的方式、地点和日期，开标的方式、地点和日期等内容，如果需要对投标者进行资格审查，则必须写明资格审查的时间和地点。

（三）落款

这一部分要写明招标单位的名称、地址、电话号码、邮箱、邮政编码等，以方便联系。有的招标项目内容复杂，为了正文的简洁，也可将项目的有关详细数据及说明作为附件附于文后。

六、招标书的写作原则

（一）要法理兼具

对于招标书的制作，其所涉及的内容事项必须符合国家的有关法律、法规和政策规定。相关单位既要遵守国家对招标工作的有关规定和具体办法，又要执行国家颁布的技术规范和质量标准，要认真思考招标书的实际内容，力求使招标单位的思路与招标书的内容合拍，从而确保整个招标方案趋于科学合理、具体可行。

（二）须严谨周密

撰写招标书，其对招标的内容和招标具体事宜的表达必须做到严谨周密，包括诸如项目名称、规格、数量和质量以及进度要求等，都必须完备无遗。

（三）要言简意赅

招标书是一种实用性很强的文书，因而在语言表达上应力求准确、简要，特别是涉及有关技术指标、规格、质量要求等，更应如此。

【案例一：表格式招标书】

建筑工程招标书

招标工程名称：××市第二高级中学新校园建筑工程

招标单位名称：××市教育局

××年×月×日

工程名称	××市第二高级中学新校园建筑工程		
建设地点	××市新建街西段	联系人及电话	（略）
建筑面积	300 000 平方米	工期要求	2 年
一、简要说明（略）			
二、工程概况（略）			
三、工程范围：包括一幢六层主教学楼、一幢办公楼、三幢各五层学生宿舍楼、一幢学生实验楼、一幢集餐厅与会议于一体的两层综合楼			

（续表）

四、承包形式及结算方式：工程款项按照工程施工进度分三次通过银行转账方式结清，平均支付款项，工程竣工后暂押款项总金额10%，2年后工程无质量问题，全额付清。
五、材料供应：材料一律由施工方自主选择供应，材料购买费用由施工方垫支。
六、工程拨款：资金一律由财政拨款，严格按照合同及国家相关规定支付款项。
七、质量要求：符合国家相关质量要求
八、工期要求：两年。每提前1个月，奖金20 000元；每滞后一个月，施工方须支付违约金20 000元。
九、奖惩办法（略）
十、解释招标文件及领勘现场日期（略）

【案例二：条款式招标书】

A公司修建办公大楼招标通告

经上级主管部门同意，我公司将修建一座办公大楼，经城市建设委员会批准，建筑工程实行公开招标，现将招标事项通告如下：

一、工程名称：A公司办公大楼

二、施工地点：××市××区××路××号

三、建筑面积：××平方米

四、设计及要求：见附件

五、承包方式：实行全部包工包料

六、投标条件：凡有投标意向的具备法人资格且具有一、二级施工执照的企业，并由其主管部门和开户银行的认可，均可投标。

七、招标要求：投标人请于2011年9月5日前来人或来函索取招标文书，收取成本费30元，逾期不予办理。

投标人请将投标文书及上级主管部门的有关签证等，密函投寄或派员直接送我公司基建处。收件至2011年9月5日截止，开标日期拟定于2011年9月30日，在××市公证处公证下启封开标，地点在我公司第一会议室。

招标单位地址：××市××路××号

传真：×××

电话：×××

联系人：×××

（附件）

××公司招标办公室

二〇一一年八月五日

单元三 投 标 书

一、投标书的概念

投标是相对于招标而言的，有招标才会有投标。所谓投标，是指愿意按条件进行交易或者愿意承包某工程的单位，根据招标文书所列条件、要求、开列清单，拟出详细方案，向招标单位提出交易或承包申请的行为。

投标书是投标单位根据招标书的招标条件，做出明确回答，并按照规定时间报送给招标单位的一种书面材料。它是投标过程中编制的主要文件，是招标人组织议标、评标、定标的依据。投标人进行竞标演讲、答辩也以投标书的内容为基础，是提供给招标单位的备选方案。投标书反映了投标者的投标条件和意见，也为招标单位选择最佳的合作者提供了依据。

在整个招标与投标过程中，标书占据着特殊重要的地位，它直接关系到招标与投标的成功与否以及日后整个交易过程能否顺利进行。作为投标书，通常具有以下特点：

（一）竞争性

投标书既是一种表现自己实力、经营策略和管理手段等的书面材料，又是一种可以在招标答辩会上发表意见的演说稿。招标单位要通过投标书来优选中标者，所以投标书具有竞争性的特点。

（二）时间的限定性

时间的限定性是指招投标活动一般都有严格的时间规定，必须在法律、法规限定期内将投标书递交招标单位，过期将视同自动放弃。同时，对投标项目的进度要求也有严格的时间限定。

（三）制作的规范性

制作的规范性是指投标书的制作既要遵守国家对招投标工作的有关规定和具体办法，又要执行国家颁布的技术规范和质量标准，不能随心所欲，任意制作。

与招标书一样，投标书也可以从不同的角度进行分类：

（1）依据性质和内容，可分为：工程建设项目投标书、大宗商品交易投标书、企业租赁投标书、选聘企业经营者投标书和劳务投标书等。

（2）依据投标人员的组成情况，可分为：个人投标书、合伙投标书、企业投标书、企业联合投标书等。

在一个具体的行业中也可再分类，比如：金融投标书有金融融资服务投标书、项目贷款投标书、资金集中管理投标书、现金管理平台投标书、企业网上银行投标书、金融代理服务投标书等。

《中华人民共和国招标投标法》关于投标书的法律规定和要求：

（1）投标人应当按照招标文件的要求编制投标文件。投标文件应当对招标文件提出的实质性要求和条件做出响应。

(2) 招标项目属于建设施工的,投标文件的内容应当包括拟派出的项目负责人与主要技术人员的简历、业绩和拟用于完成招标项目的机械设备等。

(3) 投标人应当在招标文件要求提出投标文件截止时间前,将投标文件送达投标地点。招标人收到投标文件后,应当签收保存,不得开启。招标人少于三个的,招标人应当依照本法重新招标。

(4) 在招标文件要求提交投标文件的截止时间后送达的投标文件,招标人应当拒收。

(5) 投标人在招标文件要求提交投标文件的截止时间前,可以补充、修改或者撤回已经提交的投标文件,并书面通知招标人。补充、修改的内容为投标文件的组成部分。

(6) 投标人根据招标文件载明的项目实际情况,拟在中标后将中标项目的部分非主体、非关键性工作进行分包的应当在投标文件中载明。

(四) 真实性

投标书的内容一定要真是可信、切合实际。如果单纯为了中标而增加水分,就会适得其反,使招标单位产生怀疑,对中标不利。

(五) 针对性

撰写投标书既要针对招标单位提出的条件和要求,也要针对企业或工程任务的现状,经过分析和论证,决定是否投标与投标的项目,因此具有很强的针对性。

二、投标书的写作要点

投标书是投标单位按照招标通告及相关的要求制作的递送给招标单位参与投标的一种文书,其格式一般由标题、致送单位、正文和落款四部分组成。

(一) 标题

投标书标题一般由项目名称和文种组成,例如“郑州市第一百货公司租赁投标书”;有时为了简略起见,标题也可只写“投标书”或“投标单”等。

(二) 致送单位

即投标书的致送对象,系指招标单位或者招标办公室,要写全称或者规范化简称,以示郑重。应写明招标单位名称,也有的是写给招标、评标机构的,要顶格书写。

(三) 引言

这部分是投标书的导语,要用较为概括的语句、简明扼要地阐明投标的目的或依据,例如:根据已经收到的招标编号为 BDEFI—2012 号的工程招标文件,遵照《工程建设施工招标投标管理办法》的规定,我单位经研究上述工程招标文件的投标须知、合同条件、技术规范、图纸、工程量清单和其他有关文件后,我方决定参加投标。

(四) 正文

这部分是投标书写作的重心,要紧紧围绕招标文件的具体要求进行表述,充分展示出本企业的实力和竞争能力,从而取得竞标成功。

主体部分一般是先阐明对投标项目基本情况的分析，找出最大的优势和存在的主要问题，提出经营方针和指导思想；接着写目标、任务和完成目标任务的可行性分析以及采取的措施；最后明确提出对招标单位的具体要求，以取得对方的支持和配合。有些标书是招标单位印制的，购买后逐项填写即可。有些标书带附件，投标单位还要在附件标识域标明有关项目一览表、报价表、进度表、营业执照及资格证书等附件名称。

（五）落款

投标书的落款部分应当写明投标单位的名称、地址、邮编、联系人姓名和电话以及电子邮箱等，并注明日期加盖公章。

三、投标书的写作注意事项

（一）考虑实情

投标单位必须认真地研究招标书，客观地估计自己的技术、经济实力和相应的赔偿能力，实事求是地填写标单和撰写投标书；积极地挖掘内部潜力和充分利用外部力量，提出自己切实可行而又合理的标价。切不可妄加许诺，弄虚作假。

（二）表达清晰

投标单位要紧紧围绕招标事项，写明目标、造价、技术、设备、质量等级、安全措施、进度等，具体、明确地提出有针对性的切实可行的措施。

（三）格式规范

投标书应严格按照招标的要求和条件编制，并按规定格式填写，做到内容齐全，格式规范，表达简明具体，字迹清楚，文面整洁。

（四）印章或缺

撰写之后要认真检查，防止疏漏。最后加盖单位公章和法人代表印章。

（五）语言描述

投标书的语言文字一定要准确，特别是术语表达必须绝对准确，绝对不允许产生文字上的歧义，影响投标工作的顺利进行。

（六）讲究时效

讲究时效就是在规定的时限内写好并送出投标书，这样才有中标的可能。

【案例】

投　标　书

致：××

根据贵方为××项目招标采购货物及服务的投标邀请××（招标编号），签字代表×××（全名、职位），经正式授权并代表投标人××（投标方名称、地址）提交下述文件正本一份和副本一式×份。

1. 开标一览表

2. 投标价格表

3. 货物简要说明一览表

4. 按投标须知第6、8条要求提供的全部文件

5. 资格证明文件

6. 投标保证金,金额为人民币×××元

据此函,签字代表人宣布同意如下:

1. 所附投标报价表中规定的应提供和交付的货物投标总价为人民币××元

2. 投标人将按照招标文件的规定履行合同责任和义务

3. 投标人已经详细审查全部招标文件,包括修改文件以及全部参考资料和有关附件。我们完全理解并同意放弃对这方面有不明及误解的权利。

4. 其投标自开标日期有效期为×××日

5. 如果在规定的开标日期后,投标人在投标有效期内撤回投标,其投标保证金将被贵方没收。

6. 投标人同意提供按照贵方可能要求的与其投标有关的一切数据或资料,完全理解不一定要接受最低价格的投标或收到的任何投标。

7. 与本投标有关的一切正式往来通信方式。

地址:×××

邮编:×××

传真:×××

投标人代表姓名、职务:×××

投标人名称(公章):×××

日期:××年×月×日

全权代表签字:××

单元四 中标通知书

一、中标通知书的概念

中标通知书是指招标人在确定中标人后向中标人发出的通知其中标的书面凭证,其实质上就是招标人的承诺。

中标通知书的内容应当简明扼要,只要告知招标项目已经由其中标,并确定签订合同的时间、地点即可。

对所有未中标的投标人也应当同时予以通知,投标人提交的投标保证金的,招标人应当退还这些投标人的投标保证金。

中标通知书对招标人和中标人均具有法律效力,中标通知发出后,招标人改变中标结果,或者中标人放弃中标项目的,应当依法承担相应法律责任。

二、中标通知书的注意事项

（一）法律效力的时间界定

如果中标通知书在中标人收到通知后发生法律效力，若招标人及时发出了中标通知书，但是中标通知书在传送过程中并非由于招标人的过错而出现延误、丢失或者错投，致使中标人没有在投标有效期终止前收到该中标通知书，招标人则丧失了对中标人的约束权。而规定中标通知书发出即产生法律效力，招标人的上述权利就可以得到保护。

（二）注意后果

中标通知书发出之后，除不可抗力外，招标人改变中标结果，如宣布该标为废标或改由其他投标人中标的，或随意宣布取消项目招标的，应当适用定金罚则，即应当双倍返还中标人提交的投标保证金。给中标人造成的损失超过适用定金罚则返还的投标保证金数额的，还应当对超过部分予以赔偿。

（三）遵照法律规定办理相关事宜

中标人应当自中标通知书发出之日起三十日内，按照招标文件和招标人签订书面合同。

三、中标通知书的写作要点

中标通知书主要写明定标的结果，一般由以下四个部分组成：

（一）标题

写明什么事项的中标通知书。

（二）抬头

写明中标的具体单位名称。

（三）正文

主要写明什么招标文件的招标工程，通过定标，确定什么单位为中标单位、标价多少、工期或者购物数量，以及其他要求事项等。

（四）落款

写明签发单位、日期，并加盖公章。

【案例】

建筑安装工程中标通知书

河南省××建筑集团总公司：

[2012]第 001 号招标文件的××汽车制造厂冲压厂房招标工程通过评定，确定你单位中标。中标总价为人民币 1 000 000 元。工程日期自 2011 年 2 月 1 日至 2013 年 2 月 1 日。工程质量必须达到国家施工验收优良标准。请于 2011 年 3 月 5 日于××汽车制造厂商签

工程承包合同。

河南省××市招标管理办公室
2011年2月5日

教学检测

1. 什么是标书？标书应当如何撰写？某有限责任公司正在筹建中，其一座仓库准备采用招标的方式进行。请你代为拟定一份标书。

2. 什么是招标书？怎样撰写招标书？某地市政府按照国家规定，拟采用招标方式购入1 000台计算机。请你代为拟定一份招标书。

3. 什么是投标书？怎样撰写投标书？某股份有限公司主要经营各类型号的计算机，具备国家规定的相应资质。就上述招标，请你代为拟定一份投标书。

4. 什么是中标通知书？怎样撰写中标通知书？就上述某股份有限公司投标，假定其已中标，请你代为拟定一份中标通知书。

附　　录

附录 1

中华人民共和国国家标准

出版物上数字用法的规定

1　范围

本标准规定了出版物在涉及数字(表示时间、长度、质量、面积、容积等量值和数字代码)时使用汉字和阿拉伯数字的体例。

本标准适用于各级新闻报刊、普及性读物和专业性社会人文科学出版物。

自然科学和工程技术出版物亦应使用本标准,并可制定专业性细则。

本标准不适用于文学书刊和重排古籍。

2　引用标准

下列标准所包含的条文,通过在本标准中引用而构成为本标准的条文。本标准出版时,所示版本均为有效。所有标准都会被修订,使用本标准的各方应探讨使用下列标准最新版本的可能性。

GB/T 7408—94 数据元和交换格式　信息交换　日期和时间表示法

GB 3100—93 国际单位制及其应用

GB 3101—93 有关量、单位和符号的一般原则

GB 7713—87 科学技术报告、学位论文和学术论文的编写格式

GB 8170—87 数值修约规则

3　定义

本标准采用下列定义。

物理量 physical　quantity

用于定量地描述物理现象的量,即科学技术领域里使用的表示长度、质量、时间、电流、热力学温度、物质的量和发光强度的量。使用的单位应是法定计量单位。

非物理量 non-physical　quantity

日常生活中使用的量,使用的是一般量词。如 30 元、45 天、67 根中的元、天、根等。

4　一般原则

4.1　使用阿拉伯数字或是汉字数字,有的情形选择是唯一而确定的。

4.1.1 统计表中的数值,如正负整数、小数、百分比、分数、比例等,必须使用阿拉伯数字。

示例:48 302—125.03 34.05% 63%～68% 1/4 2/5 1∶500

4.1.2 定型的词、词组、成语、惯用语、缩略语或具有修辞色彩的词语中作为语素的数字,必须使用汉字。

示例:一律 一方面 十滴水 二倍体 三叶虫 星期五 四氧化三铁 一〇五九(农药内吸磷) 八国联军 二〇九师 二万五千里长征 四书五经 五四运动 九三学社 十月十七日同盟路易十六 十月革命 "八五"计划 五省一市 五局三胜制 二八年华 二十挂零 零点方案 零岁教育 白发三千丈 七上八下 不管三七二十一 相差十万八千里 第一书记 第二轻工业局 一机部三所 第三季度 第四方面军 十三届四中全会

4.2 使用阿拉伯数字或是汉字数字,有的情形,如年月日、物理量、非物理量、代码、代号中的数字,目前体例尚不统一,对这种情形,要求凡是可以使用阿拉伯数字而且又很得体的地方,特别是当所表示的数目比较精确时,均应使用阿拉伯数字;遇特殊情形,或者为避免歧解,可以灵活变通,但全篇体例应相对统一。

5 时间(世纪、年代、年、月、日、时刻)

5.1 要求使用阿拉伯数字的情况

5.1.1 公历世纪、年代、年、月、日

示例:公元前8世纪 20世纪80年代 公元前440年 公元7年 1994年10月1日

5.1.1.1 年份一般不用简写。如:1990年不应简作"九〇年"或"90年"。

5.1.1.2 引文著录、行文注释、表格、索引、年表等,年月日的标记可按GB/T 7408—94。

5.1.1.1中的扩展格式。如1994年9月30日和1994年10月1日可分别写作1994-09-30和1994-10-01,仍读作1994年9月30日、1994年10月1日。年月日之间使用半字线"-"。当月和日是个位数时,在十位上加"0"。

5.1.2 时、分、秒

示例:4时 15时40分(下午3点40分) 14时12分36秒

注:必要时,可按GB/T 7408—94的5.3.1.1中的扩展格式。该格式采用每日24小时计时制,时、分、秒的分隔符为冒号":"。

示例:04:00(4时) 15:40(15时40分) 14:12:36(14时12分36秒)

5.2 要求使用汉字的情况

5.2.1 中国干支纪年和农历月日

示例:丙寅年十月十五日 腊月二十三日 正月初五 八月十五中秋节

5.2.2 中国清代和清代以前的历史纪年、各民族的非公历纪年

这类纪年不应与公历月日混用,并应采用阿拉伯数字括注公历。

示例:秦文公四十四年(公元前722年) 太平天国庚申十年九月二十四日(清咸丰十年九月二十日,公元1860年11月2日) 藏历阳木龙年八月二十六日(1964年10月1日) 日

本庆应三年(1867 年)

5.2.3 含有月日简称表示事件、节日和其他意义的词组

如果涉及一月、十一月、十二月,应用间隔号“·”将表示月和日的数字隔开,并外加引号,避免歧义。涉及其他月份时,不用间隔号,是否使用引号,视事件的知名度而定。

示例 1:“一·二八”事变(1 月 28 日) “一二·九”运动(12 月 9 日)“一·一七”批示(1 月 17 日)“一一·一〇”案件(11 月 10 日)

示例 2:五四运动 五卅运动 七七事变 五一国际劳动节 “五二〇”声明 “九一三”事件

6 物理量

物理量量值必须用阿拉伯数字,并正确使用法定计量单位。小学和初中教科书、非专业性科技书刊的计量单位可使用中文符号。

示例:8 736.80 km(8 736.80 千米) 600 g(600 克) 100 kg~150 kg(100 千克~150 千克) 12.5 m^2(12.5 平方米) 外形尺寸是 400 mm×200 mm×300 mm(400 毫米×200 毫米×300 毫米) 34℃~39℃(34 摄氏度~39 摄氏度) 0.59 A(0.59 安[培])

7 非物理量

7.1 一般情况下应使用阿拉伯数字。

示例:21.35 元 45.6 万元 270 美元 290 亿英镑 48 岁 11 个月 1 480 人 4.6 万册 600 幅 550 名

7.2 整数一至十,如果不是出现在具有统计意义的一组数字中,可以用汉字,但要照顾到上下文,求得局部体例上的一致。

示例 1:一个人 三本书 四种产品 六条意见 读了十遍 五个百分点

示例 2:截至 1984 年 9 月,我国高等学校有新闻系 6 个,新闻专业 7 个,新闻班 1 个,新闻教育专职教员 274 人,在校学生 1 561 人。

8 多位整数与小数

8.1 阿拉伯数字书写的多位整数和小数的分节

8.1.1 专业性科技出版物的分节法:从小数点起,向左和向右每三位数字一组,组间空四分之一个汉字(二分之一个阿拉伯数字)的位置。

示例:2 748 56 3.141 592 65

8.1.2 非专业性科技出版物如排版留四分空有困难,可仍采用传统的以千分撇“,”分节的办法。小数部分不分节。四位以内的整数也可以不分节。

示例:2,748,456 3141 592 65 8 703

8.2 阿拉伯数字书写的纯小数必须写出小数点前定位的“0”。小数点是齐底线的黑圆点“.”。

示例:0.46 不得写成.46 或 0·46

8.3 尾数有多个“0”的整数数值的写法

8.3.1　专业性科技出版物根据 GB 8170—87 关于数值修约的规则处理。

8.3.2　非科技出版物中的数值一般可以“万”、“亿”作单位。

示例:三亿四千五百万可写成 345 000 000,也可写成 34 500 万或 3.45 亿,但一般不得写作 3 亿 4 千 5 百万。

8.4　数值巨大的精确数字,为了便于定位读数或移行,作为特例可以同时使用“亿”“万”作单位。

示例:我国 1982 年人口普查人数为 10 亿 817 万 5 288 人;

1990 年人口普查人数为 11 亿 3 368 万 2 501 人。

8.5　一个用阿拉伯数字书写的数值应避免断开移行。

8.6　阿拉伯数字书写的数值在表示数值的范围时,使用浪纹式连接号“～”。

示例:150 千米～200 千米　−36℃～−8℃　2 500 元～3 000 元

9　概数和约数

9.1　相邻的两个数字并列连用表示概数,必须使用汉字,连用的两个数字之间不得用顿号“、”隔开。

示例:二三米　一两个小时　三五天　三四个月　十三四吨　一　二十个　四十五六岁　七八十种　二三百架次　一千七八百元　五六万套

9.2　带有“几”字的数字表示约数,必须使用汉字。

示例:几千年　十几天　一百几十次　几十万分之一

9.3　用“多”“余”“左右”“上下”“约”等表示的约数一般用汉字。如果文中出现一组具有统计和比较意义的数字,其中既有精确数字,也有用“多”“余”等表示的约数时,为保持局部体例上的一致,其约数也可以使用阿拉伯数字。

示例 1:这个协会举行全国性评奖十余次,获奖作品有一千多件。协会吸收了约三千名会员,其中三分之二是有成就的中青年。另外,在三十个省、自治区、直辖市还设有分会。

示例 2:该省从机动财力中拿出 1 900 万元,调拨钢材 3 000 多吨、水泥 2 万多吨、柴油 1 400吨,用于农田水利建设。

10　代号、代码和序号

部队番号、文件编号、证件号码和其他序号,用阿拉伯数字。序数词即使是多位数也不能分节。

示例:84062 部队　国家标准 GB 2312—80　国办发[1987]9 号文件　总 3147 号　国内统一刊号 CN11—1399　21/22 次特别快车　HP-3000 型电子计算机　85 号汽油　维生素 B12

11　引文标注

引文标注中版次、卷次、页码,除古籍应与所据版本一致外,一般均使用阿拉伯数字。

示例 1:列宁:《新生的中国》,见《列宁全集》,中文 2 版,第 22 卷,208 页,北京,人民出版社,1990。

示例 2:刘少奇:《论共产党员的修养》,修订 2 版,76 页,北京,人民出版社,1962。

示例 3：李四光：《地壳构造与地壳运动》，载《中国科学》，1973(4)，400～429 页。

示例 4：许慎：《说文解字》，影印陈昌治本，126 页，北京，中华书局，1963。

示例 5：许慎：《说文解字》，四部丛刊本，卷六上，九页。

12 横排标题中的数字

横排标题涉及数字时，可以根据版面的实际需要和可能作恰当的处理。

13 竖排文章中的数字

提倡横排。如文中多处涉及物理量，更应横排。竖排文字中涉及的数字除必须保留的阿拉伯数字外，应一律用汉字。必须保留的阿拉伯数字、外文字母和符号均按顺时针方向转 90 度。

示例一：雪花牌 BCD188 型家用电冰箱容量是一百八十八升，功率为一百二十五瓦，市场销售价两千零五十元，返修率仅为百分之零点一五。

示例二：海军 J12 号打捞救生船在太平洋上航行了十三天，于一九九〇后八月六日零时三十分返回基地。

14 字体

出版物中的阿拉伯数字，一般应使用正体二分字身，即占半个汉字位置。

（国家技术监督局 1995-12-13 发布）

附录 2

一、科学技术报告、学位论文和学术论文的编写格式

1 引言

1.1 制订本标准的目的是为了统一科学技术报告、学位论文和学术论文(以下简称报告、论文)的撰写和编辑的格式,便利信息系统的收集、存储、处理、加工、检索、利用、交流、传播。

1.2 本标准适用于报告、论文的编写格式,包括形式构成和题录著录,及其撰写、编辑、印刷、出版等。

本标准所指报告、论文可以是手稿,包括手抄本和打字本及其复制品;也可以是印刷本,包括发表在期刊或会议录上的论文及其预印本、抽印本和变异本;作为书中一部分或独立成书的专著;缩微复制品和其他形式。

1.3 本标准全部或部分适用于其他科技文件,如年报、便览、备忘录等,也适用于技术档案。

2 定义

2.1 科学技术报告

科学技术报告是描述一项科学技术研究的结果或进展或一项技术研制试验和评价的结果;或是论述某项科学技术问题的现状和发展的文件。

科学技术报告是为了呈送科学技术工作主管机构或科学基金会等组织或主持研究的人等。科学技术报告中一般应该提供系统的或按工作进程的充分信息,可以包括正反两方面的结果和经验,以便有关人员和读者判断和评价,以及对报告中的结论和建议提出修正意见。

2.2 学位论文

学位论文是表明作者从事科学研究取得创造性的结果或有了新的见解,并以此为内容撰写而成、作为提出申请授予相应的学位时评审用的学术论文。

学士论文应能表明作者确已较好地掌握了本门学科的基础理论、专门知识和基本技能,并具有从事科学研究工作或担负专门技术工作的初步能力。

硕士论文应能表明作者确已在本门学科上掌握了坚实的基础理论和系统的专门知识,并对所研究课题有新的见解,有从事科学研究工作成独立担负专门技术工作的能力。

博士论文应能表明作者确已在本门学科上掌握了坚实宽广的基础理论和系统深入的专门知识,并具有独立从事科学研究工作的能力,在科学或专门技术上做出了创造性的成果。

2.3 学术论文

学术论文是某一学术课题在实验性、理论性或观测性上具有新的科学研究成果或创新见解和知识的科学记录;或是某种已知原理应用于实际中取得新进展的科学总结,用以提供

学术会议上宣读、交流或讨论；或在学术刊物上发表；或作其他用途的书面文件。

学术论文应提供新的科技信息，其内容应有所发现、有所发明、有所创造、有所前进，而不是重复、模仿、抄袭前人的工作。

3 编写要求

报告、论文的中文稿必须用白色稿纸单面缮写或打字；外文稿必须用打字。可以用不褪色的复制本。

报告、论文宜用 A4(210 mm×297 mm)标准大小的白纸，应便于阅读、复制和拍摄缩微制品。报告、论文在书写、扫字或印刷时，要求纸的四周留足空白边缘，以便装订、复制和读者批注。每一面的上方(天头)和左侧(订口)应分别留边 25 mm 以上，下方(地脚)和右侧(切口)应分别留边 20 mm 以上。

4 编写格式

4.1 报告、论文章、条的编号参照国家标准 GB1.1《标准化工作导则标准编写的基本规定》第 8 章“标准条文的编排”的有关规定，采用阿拉伯数字分级编号。

4.2 报告、论文的合成

5 前置部分

5.1 封面

5.1.1 封面是报告、论文的外表面，提供应有的信息，并起保护作用。

封面不是必不可少的。学术论文如作为期刊、书或其他出版物的一部分，无需封面；如作为预印本、抽印本等单行本时，可以有封面。

5.1.2 封面上可包括下列内容：

a. 分类号在左上角注明分类号，便于信息交换和处理。一般应注明《中国图书资料类法》的类号，同时应尽可能注明《国际十进分类法 UDC》的类号。

b. 本单位编号一般标注在右上角。学术论文无必要。

c. 密级视报告、论文的内容，按国家规定的保密条例，在右上角注明密级。如系公开发行，不注密级。

d. 题名和副题名或分册题名 用大号字标注于明显地位。

e. 卷、分册、篇的序号和名称 如系全一册，无需此项。

f. 版本如草案、初稿、修订版、……等。如系初版，无需此项。

g. 责任者姓名 责任者包括报告、论文的作者、学位论文的导师、评阅人、答辩委员会主席、以及学位授予单位等。必要时可注明个人责任者的职务、职称、学位、所在单位名称及地址；如责任者系单位、团体或小组，应写明全称和地址。

在封面和题名页上，或学术论文的正文前署名的个人作者，只限于那些对于选定研究课题和制订研究方案、直接参加全部或主要部分研究工作并作出主要贡献、以及参加撰写论文并能对内容负责的人，按其贡献大小排列名次。至于参加部分工作的合作者、按研究计划分工负责具体小项的工作者、某一项测试的承担者，以及接受委托进行分析检验和观察的辅助人员等，均不列入。这些人可以作为参加工作的人员一一列入致谢部分，或排于脚注。

如责任者姓名有必要附注汉语拼音时，必须遵照国家规定，即姓在名前，名连成一词，不加连字符,不缩写。

h. 申请学位级别应按《中华人民共和国学位条例暂行实施办法》所规定的名称进行标注。

i. 专业名称系指学位论文作者主修专业的名称。

j. 工作完成日期包括报告、论文提交日期,学位论文的答辩日期,学位的授予日期,出版部门收到日期(必要时)。

k. 出版项出版地及出版者名称,出版年、月、日(必要时)。

5.1.3 报告和论文的封面格式参见附录 A。

5.2 封二

报告的封二可标注送发方式,包括免费赠送或价购,以及送发单位和个人;版权规定;其他应注明事项。

5.3 题名页

题名页是对报告、论文进行著录的依据。

学术论文无需题名页。

题名页置于封二和衬页之后,成为另页的石页。

报告、论文如分装两册以上,每一分册均应各有其题名页。在题名页上注明分册名称和序号。

题名页除 5.1 规定封面应有的内容并取得一致外,还应包括下列各项:

单位名称和地址,在封面上未列出的责任者职务、职称、学位、单位名称和地址,参加部分工作的合作者姓名。

5.4 变异本

报告、论文有时为适应多种需要,除正式的全文正本以外,要求有某种变异本,如:节本、摘录本、为送请评审用的详细摘要本、为摘取所需内容的改写本等。

变异本的封面上必须标明“节本、摘录本或改写本”字样,其余应注明项目,参见 5.1 的规定执行。

5.5 题名

5.5.1 题名是以最恰当、最简明的词语反映报告、论文中最重要的特定内容的逻辑组合。题名所用每一词语必须考虑到有助于选定关键词和编制题录、索引等二次文献可以提供检索的特定实用信息。

题名应该避免使用不常见的缩略词、首字母缩写字、字符、代号和公式等。

题名一般不宜超过 20 字。

报告、论文用作国际交流,应有外文(多用英文)题名。外文题名一般不宜超过 10 个实词。

5.5.2 下列情况可以有副题名:

题名语意末尽,用副题名补充说明报告论文中的特定内容;

报告、论文分册出版,或是一系列工作分几篇报道,或是分阶段的研究结果,各用不同副题名区别其特定内容;

其他有必要用副题名作为引伸或说明者。

5.5.3　题名在整本报告、论文中不同地方出现时，应完全相同，但眉题可以节略。

5.6　序或前言

序并非必要。报告、论文的序，一般是作者或他人对本篇基本特征的简介，如说明研究工作缘起、背景、宅旨、目的、意义、编写体例，以及资助、支持、协作经过等；也可以评述和对相关问题研究阐发。这些内容也可以在正文引言中说明。

5.7　摘要

5.7.1　摘要是报告、论文的内容不加注释和评论的简短陈述。

5.7.2　报告、论文一般均应有摘要，为了国际交流，还应有外文(多用英文)摘要。

5.7.3　摘要应具有独立性和自含性，即不阅读报告、论文的全文，就能获得必要的信息。摘要中有数据、有结论，是一篇完整的短文，可以独立使用，可以引用，可以用于工艺推广。摘要的内容应包含与报告、论文同等量的主要信息，供读者确定有无必要阅读全文，也供文摘等二次文献采用。摘要一般应说明研究工作目的、实验方法、结果和最终结论等，而重点是结果和结论。

5.7.4　中文摘要一般不宜超过 200～300 字；外文摘要不宜超过 250 个实词。如遇特殊需要字数可以略多。

5.7.5　除了实在无变通办法可用以外，摘要中不用图、表、化学结构式、非公知公用的符号和术语。

5.7.6　报告、论文的摘要可以用另页置于题名页之后，学术论文的摘要一般置于题名和作者之后、正文之前。

5.7.7　学位论文为了评审，学术论文为了参加学术会议，可按要求写成变异本式的摘要，不受字数规定的限制。

5.8　关键词是为了文献标引工作从报告、论文中选取出来用以表示全文主题内容信息款目的单词或术语。

每篇报告、论文选取 3～8 个词作为关键词，以显著的字符另起一行，排在摘要的左下方。如有可能，尽量用《汉语主题词表》等词表提供的规范词。

为了国际交流，应标注与中文对应的英文关键词。

5.9　目次页

长篇报告、论文可以有目次页，短文无需目次页。

目次页由报告、论文的篇、章、条、附录、题录等的序号、名称和页码组成，另页排在序之后。

整套报告、论文分卷编制时，每一分卷均应有全部报告、论文内容的目次页。

5.10　插图和附表清单报告、论文中如图表较多，可以分别列出清单置于目次页之后。图的清单应有序号、图题和页码。表的清单应有序号、表题和页码。

5.11　符号、标志、缩略词、首字母缩写、计量单位、名词、术语等的注释表符号、标志、缩略词、首字母缩写、计量单位、名词、术语等的注释说明汇集表，应置于图表清单之后。

6　主体部分

6.1　格式

主体部分的编写格式可由作者自定，但一般由引言(或绪论)开始，以结论或讨论结束。

主体部分必须由另页右页开始。每一篇(或部分)必须另页起。如报告、论文印成书刊等出版物,则按书刊编排格式的规定。

全部报告、论文的每一章、条的格式和版面安排,要求划一,层次清楚。

6.2 序号

6.2.1 如报告、论文在一个总题下装为两卷(或分册)以上,或分为两篇(或部分)以上,各卷或篇应有序号。可以写成:第一卷、第二分册;第一篇、第二部分等。用外文撰写的报告、论文,其卷(分册)和篇(部分)的序号,用罗马数字编码。

6.2.2 报告、论文中的图、表、附注、参考文献、公式、算式等,一律用阿拉伯数字分别依序连续编排序号。序号可以就全篇报告、论文统一按出现先后顺序编码,对长篇报告、论文也可以分章依序编码。其标注形式应便于互相区别,可以分别为:图 1、图 2.1;表 2、表 3.2;附注 1);文献[4];式(5)、式(3.5)等。

6.2.3 报告、论文一律用阿拉伯数字连续编页码。页码由书写、打字或印刷的首页开始,作为第1页,并为右页另页。封面、封二、封三和封底不编入页码。可以将题名页、序、目次页等前置部分单独编排页码。页码必须标注在每页的相同位置,便于识别。

力求不出现空白页,如有,仍应以有页作为单页页码。

如在一个总题下装成两册以上,应连续编页码。如各册有其副题名,则可分别独立编页码。

6.2.4 报告、论文的附录依序用大写正体 A,B,C,……编序号,如:附录 A。

附录中的图、表、式、参考文献等另行编序号,与正文分开,也一律用阿拉伯数字编码,但在数码前冠以附录序码,如:图 A1;表 B2;式(B3);文献[A5]等。

6.3 引言(或绪论)

引言(或绪论)简要说明研究工作的目的、范围、相关领域的前人工作和知识空白、理论基础和分析、研究设想、研究方法和实验设计、预期结果和意义等。应言简意赅,不要与摘要雷同,不要成为摘要的注释。一般教科书中有的知识,在引言中不必赘述。

比较短的论文可以只用小段文字起着引言的效用。

学位论文为了需要反映出作者确已掌握了坚实的基础理论和系统的专门知识,具有开阔的科学视野,对研究方案作了充分论证,因此,有关历史回顾和前人工作的综合评述,以及理论分析等,可以单独成章,用足够的文字叙述。

6.4 正文

报告、论文的正文是核心部分,占主要篇幅,可以包括:调查对象、实验和观测方法、仪器设备、材料原料、实验和观测结果、计算方法和编程原理、数据资料、经过加工整理的图表、形成的论点和导出的结论等。

由于研究工作涉及的学科、选题、研究方法、工作进程、结果表达方式等有很大的差异,对正文内容不能作统一的规定。但是,必须实事求是,客观真切,准确完备,合乎逻辑,层次分明,简练可读。

6.4.1 图

图包括曲线图、构造图、示意图、图解、框图、流程图、记录图、布置图、地图、照片、图版等。

图应具有“自明性”，即只看图、图题和图例，不阅读正文，就可理解图意。

图应编排序号(见 6.2.2)。

每一图应有简短确切的题名，连同图号置于图下。必要时，应将图上的符号、标记、代码，以及实验条件等，用最简练的文字，横排于图题下方，作为图例说明。

曲线图的纵横坐标必须标注“量、标准规定符号、单位”。此三者只有在不必要标明(如无量纲等)的情况下方可省略。坐标上标注的量的符号和缩略词必须与正文中一致。

照片图要求主题和主要显示部分的轮廓鲜明，便于制版。如用放大缩小的复制品，必须清晰，反差适中。照片上应该有表示目的物尺寸的标度。

6.4.2 表

表的编排，一般是内容和测试项目由左至右横读，数据依序竖排。表应有自明性。

表应编排序号(见 6.2.2)。

每一表应有简短确切的题名，连同表号置于表上。必要时应将表中的符号、标记、代码，以及需要说明事项，以最简练的文字，横排于表题下，作为表注，也可以附注于表下。

附注序号的编排，见 6.2.2。表内附注的序号宜用小号阿拉伯数字并加圆括号置于被标注对象的右上角，如：×××1)，不宜用星号“＊”，以免与数学上共轭和物质转移的符号相混。

表的各栏均应标明“量或测试项目、标准规定符号、单位”。只有在无必要标注的情况下方可省略。表中的缩略调和符号，必须与正文中一致。

表内同一栏的数字必须上下对齐。表内不宜用“同上”、“同左”、“，，”和类似词，一律填入具体数字或文字。表内“空白”代表未测或无此项，“－”或“…”(因“－”可能与代表阴性反应相混)代表未发现，“0”代表实测结果确为零。

如数据已绘成曲线图，可不再列表。

6.4.3 数学、物理和化学式

正文中的公式、算式或方程式等应编排序号(见 6.2.2)，序号标注于该式所在行(当有续行时，应标注于最后一行)的最右边。

较长的式，另行居中横排。如式必须转行时，只能在＋，－，×，÷，<，>处转行。上下式尽可能在等号“＝”处对齐。

示例 1：

(1)

示例 2：

(2)

示例 3：

(3)

小数点用“.”表示。大于 999 的整数和多于三位数的小数，一律用半个阿拉伯数字符的小间隔分开，不用千位撇。对于纯小数应将 0 列于小数点之前。

示例：应该写成 94 652.023 567；0.314 325 不应写成 94，652.023，567；.314，325 应注意区别各种字符，如：拉丁文、希腊文、俄文、德文花体、草体；罗马数字和阿拉伯数字；字符的正斜体、黑白体、大小写、上下角标(特别是多层次,如“三踏步”)、上下偏差等。

示例:I, l, l, i; C, c; K, k, κ; 0, o, (°); S, s, 5; Z, z, 2; B; β; W, w, ω。

6.4.4　计量单位

报告、论文必须采用1984年2月27日国务院发布的《中华人民共和国法定计量单位》,并遵照《中华人民共和国法定计量单位使用方法》执行。使用各种量、单位和符号,必须遵循附录B所列国家标准的规定执行。单位名称和符号的书写方式一律采用国际通用符号。

6.4.5　符号和缩略词

符号和缩略词应遵照国家标准(见附录B)的有关规定执行。如无标准可循,可采纳中学科或本专业的权威性机构或学术固体所公布的规定;也可以采用全国自然科学名词审定委员会编印的各学科词汇的用词。如不得不引用某些不是公知公用的、且又不易为同行读者所理解的、或系作者自定的符号、记号、缩略词、首字母缩写字等时,均应在第一次出现时一一加以说明,给以明确的定义。

6.5　结论

报告、论文的结论是最终的、总体的结论,不是正文中各段的小结的简单重复。结论应该准确、完整、明确、精练。

如果不可能导出应有的结论,也可以没有结论而进行必要的讨论。

可以在结论或讨论中提出建议、研究设想、仪器设备改进意见、尚待解决的问题等。

6.6　致谢

可以在正文后对下列方面致谢:

国家科学基金、资助研究工作的奖学金基金、合同单位、资助或支持的企业、组织成个人;

协助完成研究工作和提供便利条件的组织或个人;

在研究工作中提出建议和提供帮助的人;

给予转载和引用权的资料、图片、文献、研究思想和设想的所有者;

其他应感谢的组织或个人。

6.7　参考文献表

按照《文后参考文献著录规则》(GB 7714—87)的规定执行。

7　附录

附录是作为报告、论文主体的补充项目,并不是必需的。

7.1　下列内容可以作为附录编于报告、论文后,也可以另编成册。

a. 为了整篇报告、论文材料的完整,但编入正文又有损于编排的条理和逻辑性,这一类材料包括比正文更为详尽的信息、研究方法和技术更深入的叙述,建议可以阅读的参考文献题录,对了解正文内容有用的补充信息等;

b. 由于篇幅过大或取材于复制品而不便于编入正文的材料;

c. 不便于编入正文的罕见珍贵资料;

d. 对一般读者并非必要阅读,但对本专业同行有参考价值的资料;

e. 某些重要的原始数据、数学推导、计算程序、框图、结构图、注释、统计表、计算机打印输出件等。

7.2 附录与正文连续编页码。每一附录的各种序号的编排见 4.2 和 6.2.4。

7.3 每一附录均另页起。如报告、论文分装几册。凡属于某一册的附录应置于备该册正文之后。

8 结尾部分(必要时)

为了将报告、论文迅速存储入电子计算机,可以提供有关的输入数据。

可以编排分类索引、著者索引、关键词索引等。

封三和封底(包括版权页)。

附录 A

封面示例

(参考件)

附录 B

相关标准

(补充件)

B.1 GB 1434—78 物理量符号

B.2 GB 3100—82 国际单位制及其应用

B.3 GB 3101—82 有关量、单位和符号的一般原则

B.4 GB 3102.1—82 空间和时间的量和单位

B.5 GB 3102.2—82 周期及其有关现象的量和单位

B.6 GB 3102.3—82 力学的量和单位

B.7 GB 3102.4—82 热学的量和单位

B.8 GB 3102.5—82 电学和磁学的量和单位

B.9 GB 3102.6—82 光及有关电磁辐射的量和单位

B.10 GB 3102.7—82 声学的量和单位

B.11 GB 3102.8—82 物理化学和分子物理学的量和单位

B.12 GB 3102.9—82 原子物理学和核物理学的量和单位

B.13 GB 3102.10—82 核反应和电离辐射的量和单位

B.14 GB 3102.11—82 物理科学和技术中使用的数学符号

B.15 GB 3102.12—82 无量纲参数

B.16 GB 3102.13—82 固体物理学的量和单位

附加说明:

本标准由全国文献工作标准化技术委员会提出。

本标准由全国文献工作标准化技术委员会第七分委员会负责起草。

本标准主要起草人谭丙煜。

二、文后参考文献著录规则

中华人民共和国国家标准 GB 7714—87

中华人民共和国国家标准

UDC 025.32

GB 7714—87

文后参考文献著录规则

Descriptive rules for bibliographic references

1 引言

1.1 本标准规定了各类型出版物中的文后参考文献的著录项目、著录顺序、著录用的符号、各个著录项目的著录方法以及参考文献标注法。

1.2 本标准专供著者与编者编纂文后参考文献使用，而不是图书馆员、文献目录编纂者以及索引编辑者使用的文献著录规则。

2 名词、术语

2.1 文后参考文献：为撰写或编辑论著而引用的有关图书资料。

2.2 识别题名：国际连续出版物数据系统（ISDS）认可的某种连续出版物唯一的名称。

3 著录项目与著录格式

本标准分别规定了专著、连续出版物、专利文献、专著中析出的文献以及连续出版物中析出的文献的著录格式。在五种著录格式中，凡是标注“供选择”字样的著录项目系参考文献的选择项目，其余的著录项目系参考文献的主要项目。可以按本标准第 6 章的规定或根据文献自身的特征取舍选择项目。

3.1 专著

3.1.1 著录项目

a. 主要责任者

b. 书名

c. 文献类型标识（供选择）

d. 其他责任者（供选择）

e. 版本

f. 出版项（出版地：出版者，出版年）

g. 文献数量（供选择）

h. 从编项（供选择）

i. 附注项（供选择）

j. 文献标准编号（供选择）

3.1.2 著录格式

主要责任者．书名〔文献类型标识〕．其他责任者．版本．出版地：出版者，出版年．文献数量．从编项．附注项．文献标准编号

3.2 连续出版物

3.2.1 著录项目

a. 题名

b. 主要责任者

c. 版本

d. 卷、期、年、月或其他标识〔年.月,卷(期)~年,月,卷(期).〕(供选择)

e. 出版项(出版地:出版者,出版年)

f. 从编项(供选择)

g. 附注项(供选择)

h. 文献标准编号(供选择)

3.2.2 著录格式

题名.主要责任者.版本.年.月,卷(期)~年.月,卷(期).出版地:出版者,出版年.从编项.附注项.文献标准编号

3.3 专利文献

3.3.1 著录项目

a. 专利申请者

b. 专利题名

c. 其他责任者(供选择)

d. 附注项(供选择)

e. 文献标识符

f. 专利国别

g. 专利文献种类

h. 专利号

i. 出版日期

3.3.2 著录格式

专利申请者.专利题名.其他责任者.附注项.专利国别,专利文献种类,专利号.出版日期

3.4 专著中析出的文献

3.4.1 著录项目

a. 析出责任者

b. 析出题名

c. 析出其他责任者(供选择)

d. 原文献责任者

e. 原文献题名

f. 版本

g. 出版项(出版地:出版者,出版年)

h. 在原文献中的位置

3.4.2 著录格式

析出责任者.析出题名.析出其他责任者.见:原文献责任者.原文献题名.版本.出版地:出版者,出版年.在原文献中的位置

3.5　连续出版物中析出的文献

3.5.1　著录项目

a. 析出责任者

b. 析出题名

c. 析出其他责任者(供选择)

d. 原文献题名

e. 版本

f. 在原文献中的位置

3.5.2　著录格式

析出责任者.析出题名.析出其他责任者.原文献题名,版本.在原文献中的位置

4　著录来源

文后参考文献的著录来源是被著录的文献本身。专著、连续出版物等可依次按题名页、封面、刊头等著录。缩微制品、录音制品等非书资料可依据题名帧、片头、容器上的标签、附件等著录。

5　著录总则

5.1　著录用文字

5.1.1　文后参考文献原则上要求用文献本身的文字著录。

5.1.2　著录数字时,须保持文献上原有的形式。但对表示版次、期号、册次、页数、出版年等数字用阿拉伯数字表示。版本用序数词缩写形式表示。

5.2　缩写

著者、编者以及以姓名命名的出版者,其姓全部著录,而名可以缩写为首字母(参见6.1.1)。如用首字母无法识别该人名时,则宜用全名。出版项中附在出版地之后的州名、省名、国名等(参见6.7.1.1)以及作为限定语的机关团体名称可照公认的方法缩写。期刊刊名的缩写应按照本标准附录C ISO4—1984《文献工作——期刊刊名》缩写的国际规则的规定执行。

5.3　大写字母

著录外文文献时,大写字母的使用要符合文献本身使用文字的习惯用法。

5.4　著录用符号

参考文献可使用下列规定的符号:

:用于副题名、说明题名文字、出版者、制作者、连续出版物中析出文献的页数;用于后续责任者、出版年、制作年、专利文献种类、专利国别、卷号、部分号、连续出版物中析出文献的原文献题名;用于丛书号、丛刊号、后续的“在原文献中的位置”项;

(　)用于限定语、期号、部分号、报纸的版次、制作地、制作者、制作年;

(　)用于文献类型标识以及著者自拟的著录内容;除上述各项外,其余的著录项目后用“?”号。

6 著录细则

6.1 主要责任者

主要责任者是指对文献的知识内容或艺术内容负主要责任的个人或团体。主要责任者包括著者、专利申请者或专利所有者以及汇编本的编者等。

6.1.1 个人著者采用姓在前，名在后的著录形式。著者的名可以用缩写字母，在缩写名后不加“?”。但是，欧美著者的中译名可以只著录姓。

例:1 李时珍(原题:李时珍)

2. Einstein A (原题:Albert Einstein)

3. 韦杰(原题:伏尔特? 韦杰)

6.1.2 著作方式相同的责任者不超过三个时，可全部照录。责任者超过三个时，只著录前三个责任者，其后加“等”字或者其他与之相应的字。

例:1. 马克思，恩格斯

2. Yelland R L, Jones S C, Easton K S, et al.

6.1.3 无责任者或者责任者情况不明的文献，“主要责任者”项应注明“佚名”或者其他与之相应的词。凡采用顺序编码制排列的参考文献可省略此项，直接著录题名。

6.1.4 凡是对文献负责的机关团体有专用名称时，可直接按照著录来源著录。否则，机关团体名称应由上至下分级著录。

例:1. 中国科学院物理研究所.

6.2 题名

题名包括书名、刊名、专利题名、析出题名等。

题名按著录来源所载的形式著录。必要时，题名可参照第5章的有关规定著录。

例:1. 化学动力学和反应器原理.

6.2.1 著录来源载有多个题名，可著录两个处于显要位置的题名。

例:1. 百川书志. 古今书刻.[s]

附录 3

校对符号及其用法

1　主要内容与适用范围

本标准规定了校对各种排版校样的专用符号及其用法。

本标准适用于中文(包括少数民族文字)各类校样的校对工作。

2　引用标准

GB 9851　印刷技术术语

3　术语

3.1　校对符号

以特定图形为主要特征的、表达校对要求的符号。

4　校对符号及用法示例

图片如下：

编号	符号形态	符号作用	符号在文中和页边用法示例	说明
		一、字符的改动		
1		改　正	增高出版物质量。 提 改革开放 故	改正的字符较多，圈起来有困难时，可用线在页边画清改正的范围 必须更换的损、坏、污字也用改正符号画出
2		删　除	提高出版物物质质量。	
3		增　补	要搞好校工作。 对	增补的字符较多，圈起来有困难时，可用线在页边画清增补的范围
4		改正上下角	16=42 2 H_2SO4 4 尼古拉费欣 · 0.25+0.25=0 5 . 举例 2×3=6 : X Y=1:2 :	
		二、字符方向位置的移动		
5		转　正	字符颠倒要转正。	
6		对　调	认真经验总结。 认真验结经总。	用于相邻的字词 用于隔开的字词
7		接　排	要重视校对工作， 提高出版物质量。	
8		另起段	完成了任务。明年 ……	

编号	符号形态	符号作用	符号在文中和页边用法示例	说明
9		转　移	校对工作，提高出版物质量要重视。 "。以上引文均见中文新版《列宁全集》。 编者 年 月 …… 各位编委：	用于行间附近的转移 用于相邻行首末衔接字符的推移 用于相邻页首末衔接行段的推移
10	或	上下移	序号 名 称 数量 01 显微镜 2	字符上移到缺口左右水平线处 字符下移到箭头所指的短线处
11	或	左右移	要重视校对工作，提高出版物质量。 3 4 欢呼 5,6 歌 5 唱	字符左移到箭头所指的短线处 字符左移到缺口上下垂直线处 符号画得太小时，要在页边重标
12		排　齐	校对工作非常重要。 必须提高印刷质量，缩短印制周期。 国家标准	

5　使用要求

5.1　校对校样，必须用色笔（墨水笔、圆珠笔等）书写校对符号和示意改正的字符，但是不能用灰色铅笔书写。

5.2　校样上改正的字符要书写清楚。校改外文，要用印刷体。

5.3　校样中的校对引线要从行间画出。墨色相同的校对引线不可交叉。

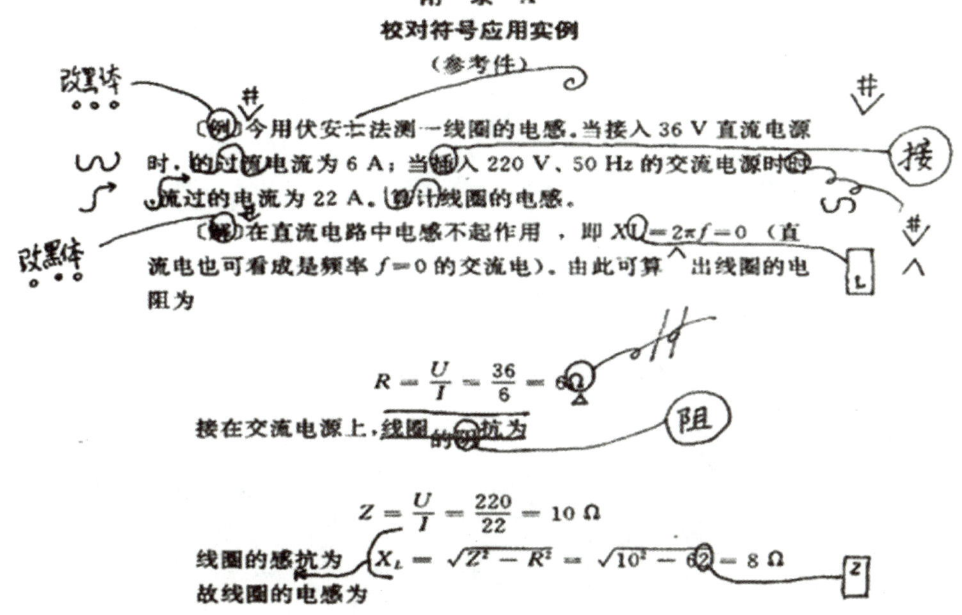

附　录　A

校对符号应用实例

（参考件）

〔例〕今用伏安法测一线圈的电感。当接入 36 V 直流电源时，的过线电流为 6 A；当插入 220 V、50 Hz 的交流电源时，流过的电流为 22 A。试计线圈的电感。

〔解〕在直流电路中电感不起作用，即 $X_1=2\pi f=0$（直流电也可看成是频率 $f=0$ 的交流电）。由此可算出线圈的电阻为

$$R=\frac{U}{I}=\frac{36}{6}=6\ \Omega$$

接在交流电源上，线圈的抗为

$$Z=\frac{U}{I}=\frac{220}{22}=10\ \Omega$$

线圈的感抗为 $X_L=\sqrt{Z^2-R^2}=\sqrt{10^2-6^2}=8\ \Omega$

故线圈的电感为

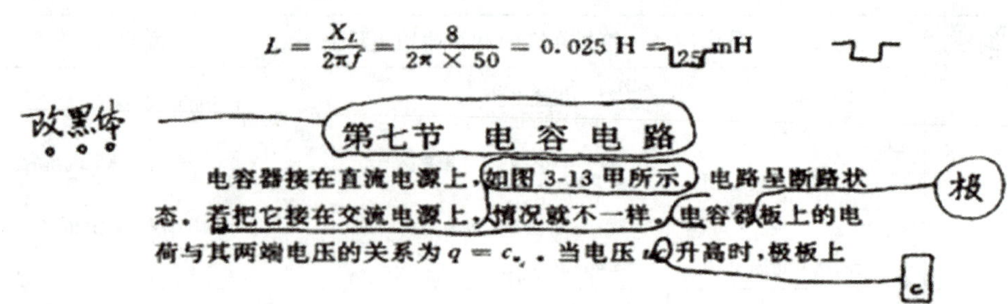

$$L = \frac{X_L}{2\pi f} = \frac{8}{2\pi \times 50} = 0.025\ \text{H} = 25\ \text{mH}$$

改黑体

第七节 电容电路

电容器接在直流电源上，如图 3-13 甲所示，电路呈断路状态。若把它接在交流电源上，情况就不一样。电容器板上的电荷与其两端电压的关系为 $q = c_{u_c}$ 。当电压 u 升高时，极板上

极

c

附加说明：

本标准由中华人民共和国新闻出版署提出。

本标准由全国印刷标准化委员会归口。

本标准由人民出版社负责起草。

附录 4

国家行政机关公文处理办法

第一章　总　　则

第一条　为使国家行政机关(以下简称行政机关)的公文处理工作规范化、制度化、科学化,制定本办法。

第二条　行政机关的公文(包括电报,下同),是行政机关在行政管理过程中形成的具有法定效力和规范体式的文书,是依法行政和进行公务活动的重要工具。

第三条　公文处理指公文的办理、管理、整理(立卷)、归档等一系列相互关联、衔接有序的工作。

第四条　公文处理应当坚持实事求是、精简、高效的原则,做到及时、准确、安全。

第五条　公文处理必须严格执行国家保密法律、法规和其他有关规定,确保国家秘密的安全。

第六条　各级行政机关的负责人应当高度重视公文处理工作,模范遵守本办法并加强对本机关公文处理工作的领导和检查。

第七条　各级行政机关的办公厅(室)是公文处理的管理机构,主管本机关的公文处理工作并指导下级机关的公文处理工作。

第八条　各级行政机关的办公厅(室)应当设立文秘部门或者配备专职人员负责公文处理工作。

第二章　公 文 种 类

第九条　行政机关的公文种类主要有:

(一) 命令(令)

适用于依照有关法律公布行政法规和规章;宣布施行重大强制性行政措施;嘉奖有关单位及人员。

(二) 决定

适用于对重要事项或者重大行动做出安排,奖惩有关单位及人员,变更或者撤销下级机关不适当的决定事项。

(三) 公告

适用于向国内外宣布重要事项或者法定事项。

(四) 通告

适用于公布社会各有关方面应当遵守或者周知的事项。

(五) 通知

适用于批转下级机关的公文,转发上级机关和不相隶属机关的公文,传达要求下级机关办理和需要有关单位周知或者执行的事项,任免人员。

(六) 通报

适用于表彰先进,批评错误,传达重要精神或者情况。

（七）议案

适用于各级人民政府按照法律程序向同级人民代表大会或人民代表大会常务委员会提请审议事项。

（八）报告

适用于向上级机关汇报工作，反映情况，答复上级机关的询问。

（九）请示

适用于向上级机关请求指示、批准。

（十）批复

适用于答复下级机关的请示事项。

（十一）意见

适用于对重要问题提出见解和处理办法。

（十二）函

适用于不相隶属机关之间商洽工作，询问和答复问题，请求批准和答复审批事项。

（十三）会议纪要

适用于记载、传达会议情况和议定事项。

第三章　公 文 格 式

第十条　公文一般由秘密等级和保密期限、紧急程度、发文机关标识、发文字号、签发人、标题、主送机关、正文、附件说明、成文日期、印章、附注、附件、主题词、抄送机关、印发机关和印发日期等部分组成。

（一）涉及国家秘密的公文应当标明密级和保密期限，其中，“绝密”“机密”级公文还应当标明份数序号。

（二）紧急公文应当根据紧急程度分别标明“特急”“急件”。其中电报应当分别标明“特提”“特急”“加急”“平急”。

（三）发文机关标识应当使用发文机关全称或者规范化简称；联合行文，主办机关排列在前。

（四）发文字号应当包括机关代字、年份、序号。联合行文，只标明主办机关发文字号。

（五）上行文应当注明签发人、会签人姓名。其中，“请示”应当在附注处注明联系人的姓名和电话。

（六）公文标题应当准确简要地概括公文的主要内容并标明公文种类，一般应当标明发文机关。公文标题中除法规、规章名称加书名号外，一般不用标点符号。

（七）主送机关指公文的主要受理机关，应当使用全称或者规范化简称、统称。

（八）公文如有附件，应当注明附件顺序和名称。

（九）公文除“会议纪要”和以电报形式发出的以外，应当加盖印章。联合上报的公文，由主办机关加盖印章；联合下发的公文，发文机关都应当加盖印章。

（十）成文日期以负责人签发的日期为准，联合行文以最后签发机关负责人的签发日期为准。电报以发出日期为准。

（十一）公文如有附注（需要说明的其他事项），应当加括号标注。

（十二）公文应当标注主题词。上行文按照上级机关的要求标注主题词。

（十三）抄送机关指除主送机关外需要执行或知晓公文的其他机关，应当使用全称或者规范化简称、统称。

（十四）文字从左至右横写、横排。在民族自治地方，可以并用汉字和通用的少数民族文字（按其习惯书写、排版）。

第十一条 公文中各组成部分的标识规则，参照《国家行政机关公文格式》国家标准执行。

第十二条 公文用纸一般采用国际标准 A4 型(210 mm×297 mm)，左侧装订。张贴的公文用纸大小，根据实际需要确定。

第四章 行 文 规 则

第十三条 行文应当确有必要，注重效用。

第十四条 行文关系根据隶属关系和职权范围确定，一般不得越级请示和报告。

第十五条 政府各部门依据部门职权可以相互行文和向下一级政府的相关业务部门行文；除以函的形式商洽工作、询问和答复问题、审批事项外，一般不得向下一级政府正式行文。

部门内设机构除办公厅（室）外不得对外正式行文。

第十六条 同级政府、同级政府各部门、上级政府部门与下一级政府可以联合行文；政府与同级党委和军队机关可以联合行文；政府部门与相应的党组织和军队机关可以联合行文；政府部门与同级人民团体和具有行政职能的事业单位也可以联合行文。

第十七条 属于部门职权范围内的事务，应当由部门自行行文或联合行文。联合行文应当明确主办部门。须经政府审批的事项，经政府同意也可以由部门行文，文中应当注明经政府同意。

第十八条 属于主管部门职权范围内的具体问题，应当直接报送主管部门处理。

第十九条 部门之间对有关问题未经协商一致，不得各自向下行文。如擅自行文，上级机关应当责令纠正或撤销。

第二十条 向下级机关或者本系统的重要行文，应当同时抄送直接上级机关。

第二十一条 “请示”应当一文一事；一般只写一个主送机关，需要同时送其他机关的，应当用抄送形式，但不得抄送其下级机关。“报告”不得夹带请示事项。

第二十二条 除上级机关负责人直接交办的事项外，不得以机关名义向上级机关负责人报送“请示”“意见”和“报告”。

第二十三条 受双重领导的机关向上级机关行文，应当写明主送机关和抄送机关。上级机关向受双重领导的下级机关行文，必要时应当抄送其另一上级机关。

第五章 发 文 办 理

第二十四条 发文办理指以本机关名义制发公文的过程，包括草拟、审核、签发、复核、缮印、用印、登记、分发等程序。

第二十五条 草拟公文应当做到：

（一）符合国家的法律、法规及其他有关规定。如提出新的政策、规定等，要切实可行并加以说明。

（二）情况确实，观点明确，表述准确，结构严谨，条理清楚，直述不曲，字词规范，标点正确，篇幅力求简短。

（三）公文的文种应当根据行文目的、发文机关的职权和与主送机关的行文关系确定。

（四）拟制紧急公文，应当体现紧急的原因，并根据实际需要确定紧急程度。

（五）人名、地名、数字、引文准确。引用公文应当先引标题，后引发文字号。引用外文应当注明中文含义。日期应当写明具体的年、月、日。

（六）结构层次序数，第一层为“一、”，第二层为“（一）”，第三层为“1.”，第四层为“（1）”。

（七）应当使用国家法定计量单位。

（八）文内使用非规范化简称，应当先用全称并注明简称。使用国际组织外文名称或其缩写形式，应当在第一次出现时注明准确的中文译名。

（九）公文中的数字，除成文日期、部分结构层次序数和在词、词组、惯用语、缩略语、具有修辞色彩语句中作为词素的数字必须使用汉字外，应当使用阿拉伯数字。

第二十六条 拟制公文，对涉及其他部门职权范围内的事项，主办部门应当主动与有关部门协商，取得一致意见后方可行文；如有分歧，主办部门的主要负责人应当出面协调，仍不能取得一致时，主办部门可以列明各方理据，提出建设性意见，并与有关部门会签后报请上级机关协调或裁定。

第二十七条 公文送负责人签发前，应当由办公厅（室）进行审核。审核的重点是：是否确需行文，行文方式是否妥当，是否符合行文规则和拟制公文的有关要求，公文格式是否符合本办法的规定等。

第二十八条 以本机关名义制发的上行文，由主要负责人或者主持工作的负责人签发；以本机关名义制发的下行文或平行文，由主要负责人或者由主要负责人授权的其他负责人签发。

第二十九条 公文正式印制前，文秘部门应当进行复核，重点是：审批、签发手续是否完备，附件材料是否齐全，格式是否统一、规范等。经复核需要对文稿进行实质性修改的，应按程序复审。

第六章 收文办理

第三十条 收文办理指对收到公文的办理过程，包括签收、登记、审核、拟办、批办、承办、催办等程序。

第三十一条 收到下级机关上报的需要办理的公文，文秘部门应当进行审核。审核的重点是：是否应由本机关办理；是否符合行文规则；内容是否符合国家法律、法规及其他有关规定；涉及其他部门或地区职权的事项是否已协商、会签；文种使用、公文格式是否规范。

第三十二条 经审核，对符合本办法规定的公文，文秘部门应当及时提出拟办意见送负责人批示或者交有关部门办理，需要两个以上部门办理的应当明确主办部门。紧急公文，应当明确办理时限。对不符合本办法规定的公文，经办公厅（室）负责人批准后，可以退回呈报单位并说明理由。

第三十三条 承办部门收到交办的公文后应当及时办理，不得延误、推诿。紧急公文应当按时限要求办理，确有困难的，应当及时予以说明。对不属于本单位职权范围或者不宜由本单位办理的，应当及时退回交办的文秘部门并说明理由。

第三十四条 收到上级机关下发或交办的公文，由文秘部门提出拟办意见，送负责人批示后办理。

第三十五条 公文办理中遇有涉及其他部门职权的事项，主办部门应当主动与有关部门协商；如有分歧，主办部门主要负责人要出面协调，如仍不能取得一致，可以报请上级机关协调或裁定。

第三十六条 审批公文时，对有具体请示事项的，主批人应当明确签署意见、姓名和审批日期，其他审批人圈阅视为同意；没有请示事项的，圈阅表示已阅知。

第三十七条 送负责人批示或者交有关部门办理的公文，文秘部门要负责催办，做到紧急公文跟踪催办，重要公文重点催办，一般公文定期催办。

第七章 公文归档

第三十八条 公文办理完毕后，应当根据《中华人民共和国档案法》和其他有关规定，及时整理(立卷)、归档。个人不得保存应当归档的公文。

第三十九条 归档范围内的公文，应当根据其相互联系、特征和保存价值等整理(立卷)，要保证归档公文的齐全、完整，能正确反映本机关的主要工作情况，便于保管和利用。

第四十条 联合办理的公文，原件由主办机关整理(立卷)、归档，其他机关保存复制件或其他形式的公文副本。

第四十一条 本机关负责人兼任其他机关职务，在履行所兼职务职责过程中形成的公文，由其兼职机关整理(立卷)、归档。

第四十二条 归档范围内的公文应当确定保管期限，按照有关规定定期向档案部门移交。

第四十三条 拟制、修改和签批公文，书写及所用纸张和字迹材料必须符合存档要求。

第八章 公文管理

第四十四条 公文由文秘部门或专职人员统一收发、审核、用印、归档和销毁。

第四十五条 文秘部门应当建立健全本机关公文处理的有关制度。

第四十六条 上级机关的公文，除绝密级和注明不准翻印的以外，下一级机关经负责人或者办公厅(室)主任批准，可以翻印。翻印时，应当注明翻印的机关、日期、份数和印发范围。

第四十七条 公开发布行政机关公文，必须经发文机关批准。经批准公开发布的公文，同发文机关正式印发的公文具有同等效力。

第四十八条 公文复印件作为正式公文使用时，应当加盖复印机关证明章。

第四十九条 公文被撤销，视作自始不产生效力；公文被废止，视作自废止之日起不产生效力。

第五十条 不具备归档和存查价值的公文，经过鉴别并经办公厅(室)负责人批准，可以销毁。

第五十一条 销毁秘密公文应当到指定场所由二人以上监销，保证不丢失、不漏销。其中，销毁绝密公文(含密码电报)应当进行登记。

第五十二条 机关合并时，全部公文应当随之合并管理。机关撤销时，需要归档的公文整理(立卷)后按有关规定移交档案部门。

工作人员调离工作岗位时,应当将本人暂存、借用的公文按照有关规定移交、清退。

第五十三条 密码电报的使用和管理,按照有关规定执行。

第九章 附 则

第五十四条 行政法规、规章方面的公文,依照有关规定处理。外事方面的公文,按照外交部的有关规定处理。

第五十五条 公文处理中涉及电子文件的有关规定另行制定。统一规定发布之前,各级行政机关可以制定本机关或者本地区、本系统的试行规定。

第五十六条 各级行政机关的办公厅(室)对上级机关和本机关下发公文的贯彻落实情况应当进行督促检查并建立督查制度。有关规定另行制定。

第五十七条 本办法自 2001 年 1 月 1 日起施行。1993 年 11 月 21 日国务院办公厅发布,1994 年 1 月 1 日起施行的《国家行政机关公文处理办法》同时废止。

参 考 文 献

[1] 赵绍全. 财经应用写作[M]. 成都:西南财经大学出版社,2009.

[2] 霍唤民. 财经实用写作[M]. 北京:首都经济贸易大学出版社,2004.

[3] 陈子典. 秘书应用文写作[M]. 广州:暨南大学出版社,2006.

[4] 张浩. 新编经济文写作格式与范本[M]. 北京:蓝天出版社,2005.

[5] 范兰德. 企业文案撰写模式大全[M]. 广州:广东经济出版社,2006.

[6] 张浩. 商务文书写作格式与范本[M]. 北京:蓝天出版社,2005.

[7] 张保忠,岳海翔. 公司文案范文分析[M]. 北京:中国言实出版社,2006.

[8] 董金凤,刘秀敏. 实用应用文写作[M]. 北京:高等教育出版社,2009.

[9] 崔文凯,王琰. 商务文书写作[M]. 北京:中国言实出版社,2006.

[10] 李春,李峰. 实用应用文写作教程[M]. 西安:西北工业大学出版社,2008.

[11] 马立源、朱维魁. 实用经济法[M]. 北京:北京师范大学出版集团,2009.

[12] 胡占国. 中国常用合同协议签约文本全编[M]. 北京:北京工业大学出版社,2010.

[13] 帅梅花,孙桂芳. 应用文写作[M]. 石家庄:河北大学出版社,2009.

[14] 杨俊,邵喜武. 新编实用公关案例与训练[M]. 合肥:中国科学技术大学出版社,2010.

[15] 杨俊. 新型实用公关实践教程[M]. 北京:电子工业出版社,2009.